Das
ITALIENISCHE
Kochbuch

area

Die Area Verlag GmbH dankt der Christian Verlag GmbH München für
die freundliche Erlaubnis, sich bezüglich des Erscheinungsbildes dieses Kochbuches
am Erscheinungsbild des Werkes „Das türkische Kochbuch" aus dem Christian Verlag zu orientieren.

Das italienische Kochbuch

Einbandgestaltung: PM-Services, Leverkusen
Einbandabbildungen: ID Image-Direkt GmbH, Illustration: Aleko
Satz & Layout: PM-Services, Leverkusen
Abbildungen: P. C. Fotostudio, ID Image-Direkt GmbH, Barbara Lutterbeck
Druck und Bindung: Mladinska Knjiga, Ljubljana
Printed in Slovenia 2003

ISBN 3-89996-065-3

Das
ITALIENISCHE
Kochbuch

area

Vorwort

Kein anderes Land ist so eng mit unserer Sehnsucht nach Sonne, nach milder, wohlriechender Luft und blauem Meer verbunden wie Italien. Und gleich tauchen Erinnerungen an die Küche auf, an das einfache Essen auf einer Terrasse unter freiem Himmel. Die italienische Art zu kochen fängt die Sonne und die Farben der Landschaft ein, sie ist großzügig und üppig. Genussvolles Essen ist in diesem Land der Ausdruck eines Lebensgefühls. Hier legt man großen Wert auf die Frische und Qualität der Produkte, hier nimmt man sich Zeit für die Vorbereitung der Speisen und für den eigentlichen Genuss.

Gutes Essen fängt mit dem Einkaufen an. Italienische Hausfrauen und Köche vermeiden Fertigprodukte und Tiefkühlwaren. Sie gehen in die Markthallen und auf die großen Märkte und prüfen, suchen, vergleichen, handeln und wählen schließlich das beste Produkt aus dem Angebot aus. Gemüse muss frisch und knackig sein. Salat darf keine braunen Abschnittflächen haben, auf dem Spinat müssen noch die Tautropfen glänzen, die Haut der Hähnchen sollte straff über der Brust gespannt sein. Ein Fisch ohne leuchtend rote Kiemen kommt nicht in Betracht. Alle Zutaten müssen absolut perfekt sein – nur das garantiert wahren Genuss. Und auf den will in Italien keiner verzichten. Denn jeder Italiener ist ein *buongustaio*, ein wahrer Feinschmecker, Genießer – das Beste ist gerade gut genug.

Alle Speisen werden in Italien mit viel Liebe und größter Sorgfalt zubereitet. Vieles wird hier noch in Handarbeit hergestellt. Komplizierte Küchengeräte, wie man sie aus deutschen Haushalten kennt, werden von der italienischen Hausfrau nicht benutzt. Die italienische *Mamma* rührt mit stabilen Holzlöffeln, rollt mit einem schlanken Nudelholz den Teig, sticht mit einfachen Wassergläsern die Ravioli aus. Das Zubereiten einer Mahlzeit entspricht beinahe einer rituellen Handlung. Es wird in Ruhe und Bedacht gearbeitet. Schon während des Kochens freut man sich auf die Gesellschaft, die sich zum Essen versammelt. Denn der wahre Genuss stellt sich erst in großer Runde ein, mit der während der Mahlzeit über Gott und die Welt gesprochen wird.

Schweizer Garde – Rom

Die italienische Speisenfolge

In Italien liebt man mehrgängige Mahlzeiten. Man beginnt mit einigen Vorspeisen, den Antipasti misto. Es folgen Pasta, feinste, meist selbst gemachte Nudeln, dann das Hauptgericht mit Fleisch, Fisch oder ein feines Risotto. Den Abschluss bilden die unübertroffenen Dolci, jene herrlichen Süßspeisen wie Tiramisu, Latte Fritto oder Gelati, feinste Eissorten, bei denen das Herz einfach höher schlägt!

Das Ganze mag manchem nach maßloser Völlerei klingen. Aber dem ist nicht so. Alle Portionen sind in Italien kleiner als man es bei uns gewöhnt ist; Fleisch und Fisch werden ohne Beilagen serviert.

Es steht immer Brot und Wasser auf dem Tisch, und die einzelnen Gänge werden von Weinen begleitet, die die einzigartigen Aromen der italienischen Küche noch unterstreichen. Den krönenden Abschluss einer Mahlzeit bildet immer eine Kaffeevariante, die meist in Verbindung mit einem Grappa oder einem Likör genossen wird.

Eine solches Menü dauert natürlich seine Zeit und zieht sich meist über ein bis zwei Stunden hin. Hektik und Eile des Tages treten zurück; im Mittelpunkt steht der Genuss. Wir sollten in puncto Genießen unseren europäischen Freunden über die Schulter schauen und wie in Italien, Spanien oder Frankreich das bewusste und gute Essen wieder in den Vordergrund rücken. Genuss in Ruhe ist eine durch nichts zu ersetzende Wohltat für Körper und Geist.

In diesem Sinne: *Buon appetito!*

Inhalt

Aosta-Tal

Die Küche im Aosta-Tal ist ähnlich wie die im Piemont sehr stark von französischen Einflüssen inspiriert. Hinzu kommen noch die Geschmacksvarianten, die deutsche Siedler im Mittelalter als Erbe hinterlassen haben. Basis dieser einfachen, aber äußerst wohlschmeckenden Küche sind Butter, Käse und Sahne aus feinrahmiger Kuhmilch. Denn im gebirgigen Aosta-Tal wird Viehzucht groß geschrieben. Auf den saftigen Almweiden wachsen würzige Kräuter, die allen Molkereiprodukten ein unvergleichliches Aroma verleihen. Der berühmteste Käse der Region ist der Fontina. Fonduta Valdostana, die italienische Variante des Käsefondues, wird aus Fontinakäse, Eigelb, Milch, Butter und hauchdünn gehobelten Trüffel bereitet. Dazu werden geröstete Weißbrotwürfel gereicht, die in den Käse getaucht werden.

Die durch die Alpentäler führenden Flüsse liefern frische Süßwasserfische, die auf vielfältige Art zubereitet werden. Zur Butter-Käse-Küche des Aosta-Tals passen Polenta, herzhaftes Roggenbrot, geräucherter Speck und Wurstspezialitäten. Nicht zu vergessen der Grappa, ein Tresterschnaps, der in den Tälern aus den Kelterrückständen der Petit Rouge-Traube gebrannt wird.

Romantische Brücke im Aosta-Tal

Zuppa di pane

Brotsuppe

Für 4 Personen

50 g Butter
3 Zwiebeln, geschält und in feine Ringe geschnitten
1 l Gemüsebrühe
2 Scheiben Roggenmischbrot, altbacken
125 g Gruyère, frisch gerieben
schwarzer Pfeffer aus der Mühle

Die Butter in einer Kasserolle erhitzen, darin die Zwiebelringe etwa 15 Minuten auf kleiner Flamme dünsten. Sie dürfen keine Farbe annehmen. Nun die Gemüsebrühe angießen und auf kleiner Flamme 20 Minuten köcheln lassen. Die Brotscheiben im Toaster rösten und in eine Auflaufform legen. Mit dem geriebenen Gruyère bestreuen und die Gemüse-Zwiebel-Brühe angießen. Kräftig mit schwarzem Pfeffer würzen. Die Auflaufform in den auf 180 °C vorgeheizten Backofen schieben und für etwa 20 Minuten backen. In tiefen Tellern servieren.

Für 4 Personen

250 ml Milch
500 g Fontina ohne Rinde
2 El Butter
4 Eigelb
Salz
weißer Pfeffer aus der Mühle
5 Creme-Champignons, geputzt und in feine Scheiben geschnitten
Weißbrot zum Servieren

Fonduta Val d'Aosta

Käsefondue aus dem Aosta-Tal

Die Milch in eine Schüssel füllen und den in dünne Scheiben geschnittenen Käse in die Milch legen. Er sollte 4–5 Stunden darin ziehen. Die Butter in einen Fonduetopf geben und auf kleiner Flamme schmelzen. Nun die Käsescheiben und 3–4 Esslöffel von der Milch in den Topf füllen. Auf kleiner Flamme alles schmelzen lassen. Dabei ständig mit dem Holzlöffel rühren, bis der Käse Fäden zieht. Die Eigelbe mit der restlichen Milch verrühren und nach und nach zum Käse in den Fonduetopf geben. Dabei ständig rühren, so dass eine sämige Masse entsteht. Mit Salz und Pfeffer würzen. Fonduta wird nicht aus dem Topf gegessen. Den geschmolzenen Käse auf vier kleine Schalen verteilen. Die Champignonscheiben über dem Käse verteilen und mit geröstetem Weißbrot servieren.

Für 4–6 Personen

100 g Fontina
100 g Bel Paese
100 g Gorgonzola
250 g Maisgrieß (Instant)
Salz
100 g Butter
100 g Parmesan, frisch gerieben
weißer Pfeffer aus der Mühle

Polenta ai quattro formaggi

Polenta mit vier Käsesorten

Die drei Käsesorten in feine Würfel schneiden und vermischen. Mit Folie abdecken und beiseite stellen. 1 l Wasser in einen großen Topf füllen und erhitzen. Den Maisgrieß in dünnem Strahl in die kochende, gesalzene Flüssigkeit einrieseln lassen und mit einem langen Holzkochlöffel ständig rühren. Unter kleiner Hitze für ca. 5 Minuten köcheln und immer weiter rühren, bis eine sämige Masse entstanden ist.
Eine Auflaufform mit etwas Butter ausstreichen und die Hälfte der Polenta einfüllen. Darauf Butterflöckchen verteilen und mit der Hälfte vom geriebenen Parmesankäse bestreuen. Auf diese Lage die Hälfte der vermischten Käsewürfel geben. Alles mit der restlichen Polenta bedecken und nun umgekehrt belegen: Erst die restlichen Käsewürfel, dann den restlichen Parmesan und die restlichen Butterflöckchen darauf geben. Reichlich pfeffern und für 30 Minuten in den auf 190 °C vorgeheizten Backofen stellen. Knusprig und goldgelb gebacken servieren.
Dazu passt ein frischer grüner Salat und ein trockener Weißwein.

Für 4 Personen

750 ml Gemüsebrühe
150 g Polenta (Instant)
30 g Butter
100 g Parmesan, frisch gerieben

Polenta alla parmigiano

Polentataler mit Parmesan

Die Gemüsebrühe aufkochen und die Polenta im dünnen Strahl in die kochende Brühe einrieseln lassen. Ca. 5 Minuten unter ständigem Rühren kochen. Von der Flamme ziehen und ca. 2 cm dick auf eine gebutterte Platte streichen. Abkühlen lassen und mit einem Glas Kreise ausstechen. Die Polentakreise in eine gebutterte Auflaufform setzen, mit Butterflöckchen und mit Parmesan bestreut im Backofen bei 190 °C für 15 Minuten goldbraun überbacken.
Die Taler passen gut zu kurz gebratenem Fleisch.

Costoletta alla Val d'Aosta

Gefüllte Nackenkoteletts

Für 4 Personen

4 Nackenkoteletts vom Schwein, nicht zu dünn geschnitten
4 Scheiben Fontina
Salz
schwarzer Pfeffer aus der Mühle
1 Ei
2 El Mehl
Semmelbrösel
Butter für die Pfanne
1 Zitrone

In die Nackenkoteletts mit einem scharfen Messer quer Taschen schneiden. Die Käsescheiben in die Taschen schieben und den Rand mit einem Zahnstocher verschließen. Die Koteletts mit Salz und Pfeffer würzen. Zuerst im Ei, dann im Mehl und zum Schluss in den Semmelbröseln wälzen. Die Butter in einer Pfanne schmelzen und die Koteletts bei mittlerer Hitze auf beiden Seiten je 8 Minuten braten. Sie sollen eine goldbraune Farbe haben. Mit Zitronenvierteln servieren.

Piemont

Jeder, der vom Piemont spricht und kulinarisch etwas auf sich hält, hat sie schon einmal gekostet: *Tuber magnatum* – die weiße Trüffel. Im Oktober, wenn das Laub sich bunt färbt und dicke Nebelschwaden über das Land am Fuß der Berge – wie Piemont übersetzt heißt – ziehen, beginnt die Trüffelsaison. In den ersten Stunden des neuen Tages machen sich der *trifulau*, der Trüffelsucher, und sein abgerichteter Mischlingshund auf die Suche nach dem weißen Gold. Wer Glück bei seiner Trüffeljagd hat, kann auf dem örtlichen Markt von den Feinschmeckern, Restaurantbesitzern und Köchen bis zu 250 Euro für 100 g Trüffel erzielen. Trüffelzentrum ist das Gebiet um Alba. In Alba selbst findet alljährlich im November ein Trüffelfest mit Markt statt.

Trüffeln schmecken in einfacher Umgebung am besten. Hauchdünn über gebutterte Nudeln gehobelt oder über einige gebratene Eier gestreut, entfalten sie ein Aroma, das unbeschreiblich ist. Aber nicht nur die Trüffeln lassen das Genießerherz höher schlagen, auch vorzügliche Weine wie Barolo, Nebbiolo d'Alba oder Barbaresco sind kulinarisches Aushängeschild für das Piemont. Zu diesen großen Weinen passen die saftigen Schmorfleischstücke und die mit reichlich Butter verfeinerten Risottos.

Für 4 Personen

100 g Butter
2 El Petersilie, gehackt
1 kleine Knoblauchzehe, fein gehackt
40 g weiße Trüffel, hauchdünn gehobelt
100 ml Marsala, trocken
4 Eier
Salz
weißer Pfeffer aus der Mühle

Uova con tartufo bianco

Gebratene Eier mit weißen Trüffeln

2/3 der Butter in einer Pfanne schmelzen. Petersilie, Knoblauch und die Trüffelspäne in die Butter geben und leicht anbräunen. Mit Marsala ablöschen und etwas einköcheln lassen. Die restliche Butter in einer zweiten Pfanne erhitzen und darin die Eier wie Spiegeleier braten. Je 2 Eier auf vorgewärmte Teller geben und mit der Trüffelsauce beträufeln. Mit Weißbrot servieren.

Risotto con funghi porcini

Risotto mit Steinpilzen

Für 4 Personen

300 g frische Steinpilze
3 getrocknete Steinpilze
1 Zwiebel, gewürfelt
40 g Butter
1 Tasse Risottoreis
ca. 1 l Steinpilzbrühe
Salz
weißer Pfeffer aus der Mühle
100 g Parmesan, frisch gerieben

Die Steinpilze putzen und in feine Scheiben schneiden. Die getrockneten Steinpilze mit 1 l heißem Wasser übergießen, die Pilze 15 Minuten darin aufquellen lassen. Anschließend die Pilzbrühe durch einen Papierfilter gießen, damit kein Sand in den Risotto gelangt. Die Brühe in einen Topf gießen und heiß stellen. Die eingeweichten Steinpilze klein schneiden.

In einem zweiten Topf die gewürfelte Zwiebel mit der Hälfte der Butter andünsten. Den Risottoreis zufügen und unterrühren. Die eingeweichten Steinpilze unterheben und tassenweise die Pilzbrühe angießen. Unter ständigem Rühren soll die Brühe vom Reis völlig aufgesogen werden, bevor neue heiße Brühe zugegossen wird. Mit Salz und Pfeffer abschmecken. Nach etwa 30 Minuten ist der Reis gar. 5 Minuten vor Ende der Garzeit die in Scheiben geschnittenen Steinpilze unter den Reis heben und den frisch geriebenen Parmesankäse dazugeben, alles gut miteinander vermischen. In vorgewärmten tiefen Tellern servieren.

Zucchine con crema gorgonzola

Zucchini in Gorgonzolacreme

Für 4 Personen

4 Zucchini, mittelgroß
1 El Butter
200 g Sahne
80 g Gorgonzola
weißer Pfeffer aus der Mühle
Salz

Die Zucchini waschen, trockentupfen und längs vierteln. Die Butter in einer großen Pfanne erhitzen und darin die Zucchini auf den Schnittflächen goldbraun braten. Aus der Pfanne nehmen und warm halten. Die Sahne und den Gorgonzola in das Bratfett geben und bei kleiner Flamme langsam schmelzen. Etwa 10 Minuten köcheln lassen. Mit Pfeffer, aber wenig Salz würzen. Die Zucchiniviertel auf vorgewärmten Tellern verteilen und mit der Gorgonzolacreme begießen. Dazu passen kleine neue Kartoffeln, die in der Schale gegart werden.

Für 4–6 Personen

1 kg Kalbfleisch (aus der Keule)
1 Stange Porree,
in feine Ringe geschnitten
1 Stange Staudensellerie,
in Stücke geschnitten
3 Lorbeerblätter
1 Zwiebel, geviertelt
1 Chilischote ohne Kerne
250 ml Weißwein
Küchengarn

Für die Thunfischsauce:
1 Dose Thunfisch im eigenen Saft
3–4 Sardellenfilets
(vorher gründlich wässern)
3 El Kapern
10 Cornichons
2 Eigelb, hart gekocht
weißer Pfeffer aus der Mühle
200 ml natives Olivenöl
1 El weißer Balsamicoessig
3 El Zitronensaft
125 ml Kalbfleischbrühe

Vitello tonnato

Kalbfleisch mit Thunfischsauce

Das Kalbfleisch mit Küchengarn in Form binden. In einen Topf legen und mit dem Gemüse, Lorbeerblättern, Zwiebel und Chilischote umlegen. Den Weißwein dazugeben und so viel Wasser angießen, bis das Fleisch bedeckt ist. Einmal aufkochen, dann bei kleinster Hitze 1,5–2 Stunden köcheln lassen. Das Fleisch muss unbedingt im Sud auskühlen. So bleibt es saftig.
Für die Sauce den Thunfisch abtropfen lassen. Mit der Gabel grob zerteilen und mit den abgespülten Sardellenfilets, 2 Esslöffel Kapern, 8 klein geschnittenen Cornichons und Eigelb in eine Küchenmaschine füllen. Pfeffer, Olivenöl, Balsamico und Zitronensaft zufügen. Die Kalbfleischbrühe angießen und zu einer cremigen Sauce aufschlagen.
Das Kalbfleisch in Scheiben schneiden und auf einer Platte anrichten. Mit der Sauce begießen und mit den restlichen Kapern und den in feine Streifen geschnittenen Cornichons bestreut servieren. Dazu schmeckt feines Weißbrot und ein kühler trockener Weißwein.

Lombardei

Es ist nicht einfach, die Küchengeheimnisse der Lombardei zu lüften. Hier wird nicht so viel Aufhebens um das Essen gemacht, man bevorzugt die „schnelle Küche". Das hat aber in keinem Fall etwas mit Fastfood zu tun. Eher mit der Art der Zubereitung. Hat man das Glück, als Gast in einer lombardischen Familie deren Hausmannskost zu genießen, wird einem schnell klar, dass hier genauso geschlemmt wird wie auch in den anderen Teilen Italiens. Vielleicht nicht so aufwändig, aber nicht weniger köstlich.

In der Lombardei spielen große, üppige Braten in würzigen Saucen eine Hauptrolle. Genauso wie herzhafte Eintöpfe, man denke nur an das unübertreffliche Ossobuco. Dafür werden Beinscheiben vom Kalb in Butter angebraten und in einem Bett aus feinem Gemüse, Fleischbrühe und Wein zart geschmort. Dazu genießen die Einheimischen einen fruchtigen Wein aus der Trebbiano-Traube.

Von den Rindern der Gegend kommen nicht nur die wunderbaren Schmorbraten, sondern sie liefern auch die Milch für etliche berühmte Käsesorten Italiens, zum Beispiel Gorgonzola, Taleggio und Bel Paese.

Wie in vielen anderen Provinzen des Nordens liebt man in der Lombardei Reis, der in der Po-Ebene angebaut wird. Das Risotto alla Milanese, das mit kostbarem Safran verfeinert auf den Tisch kommt, gleicht einem Nationalgericht der Region. Hier findet der Carnaroli-Reis seine Verwendung, ein Rundkornreis, der langsam in Fleischbrühe und Weißwein gart. Er wird außen weich und behält in seinem Kern noch Biss.

Die wenigsten wissen, dass die Urform des Wiener Schnitzels aus der Lombardei kommt. Das Cotoletta alla Milanese wurde schon lange vor seinem bekannten österreichischem Bruder in Mailand genossen. Es war ein kulinarisches Mitbringsel des Feldmarschalls Radetzky, der das knusprig-goldene Kotelett von einem Italienfeldzug heim nach Wien brachte.

Risotto con asparago

Risotto mit Spargel

Für 4 Personen

750 g weißer Spargel
1 Prise Zucker
Salz
1 Zwiebel, gewürfelt
40 g Butter
1 Tasse Risottoreis
ca. 1 l Spargelbrühe
weißer Pfeffer aus der Mühle
100 g Parmesan, frisch gerieben

Den Spargel schälen und die Enden abschneiden. Schalen und Endstücke mit 1 l Wasser in einen Topf füllen und mit 1 Prise Zucker und Salz für 12–15 Minuten auskochen. Anschließend die Brühe immer heiß halten.

In einem anderen Topf die gewürfelte Zwiebel mit der Hälfte der Butter andünsten. Den Risottoreis zufügen und unterrühren. Den in kleine Stücke geschnittenen Spargel ohne die Spargelköpfe unterheben. Tassenweise die Spargelbrühe angießen. Unter ständigem Rühren soll die Brühe vom Reis völlig aufgesogen werden, bevor neue heiße Brühe zugegossen wird. Mit Salz und Pfeffer abschmecken. Nach ca. 30 Minuten ist der Reis gar. 5 Minuten vor Ende der Garzeit die Spargelköpfe und den frisch geriebenen Parmesankäse dazugeben und gut miteinander vermischen. Sind die Spargelköpfe sehr dick, sollten sie vor Verwendung noch einmal halbiert werden. Alles in tiefen Tellern servieren.

Risotto alla Milanese

Risotto auf Mailänder Art

Für 4 Personen

1 Zwiebel
100 g kalte Butter
300 g Risottoreis
1 l Gemüsebrühe
1 Döschen Safranpulver
Salz
weißer Pfeffer aus der Mühle
100 g Pecorino, frisch gerieben

Die Zwiebel fein würfeln und mit 1 Esslöffel Butter glasig dünsten. Den Reis zufügen und gut unterheben. Wenn der Reis glasig ist, mit 2 Tassen Brühe aufgießen und unter Rühren die Flüssigkeit fast völlig einkochen lassen. So die ganze Brühe in den Reis geben und immer weiterrühren, damit der Reis nicht am Topfboden ansetzt. Mit ein wenig Brühe jetzt den Safran anrühren und unter den Reis ziehen. Dadurch bekommt er eine goldgelbe Farbe und einen traumhaften Duft. Nun mit Salz und Pfeffer abschmecken und mit der restlichen Butter vermischen. Die Butter sollte immer ganz kalt sein, wenn sie untergerührt wird. Dadurch erhält der Reis einen schönen Glanz. Die Hälfte vom Pecorinokäse unter den Reis rühren. Die andere Hälfte separat dazureichen.

Für 6 Personen

Für die Marinade:
1 Möhre
1 Zwiebel
3 Lorbeerblätter
1 Nelke
2 Wacholderbeeren
1 Tl schwarze Pfefferkörner
1 kleines Stück Zimtstange
1 Flasche Rotwein

1,5 kg Rinderbraten
50 g Butter
3 El Olivenöl
Salz
schwarzer Pfeffer aus der Mühle
2 cl Cognac

Bue brasato al vino rosso

Schmorbraten in Rotwein

Möhre und Zwiebel schälen und klein schneiden. Mit Lorbeerblättern, Nelke, Wacholderbeeren, Pfefferkörnern und Zimtstange in eine große Schüssel füllen. Den Rotwein dazugießen und den Rinderbraten in die Marinade legen. Mit Folie bedecken und für 24 Stunden im Kühlschrank marinieren. In dieser Zeit den Braten hin und wieder wenden.
Den Braten aus der Marinade heben und gut abtrocknen. Butter und Olivenöl in einem Bräter erhitzen, darin den Braten von allen Seiten scharf anbraten. Die Marinade durch ein Sieb geben und die Flüssigkeit zum Fleisch gießen. Einen Deckel auflegen und den Braten bei kleiner Hitze für ca. 3 Stunden leise vor sich hin schmurgeln lassen. In dieser Zeit dickt die Sauce ein und wird sämig. Den Braten herausheben und in Scheiben schneiden. Die Sauce mit Salz, Pfeffer und Cognac abschmecken und zum Braten reichen. Dazu schmeckt ein cremiges Kartoffelpüree und ein guter Rotwein.

A
DANTE
LO PRIMO SVO RIFVGIO
NELLE FESTE NEI VOTI
CONCORDE
OGNI TERRA ITALIANA
XIV MAGGIO MDCCCLXV
DC SVO NATALIZIO

Für 4 Personen

3 Eigelb
100 g Zucker
200 g Mascarpone
3 cl Orangenlikör
3 Eiweiß
2 Orangen, filetiert

Crema di mascarpone

Mascarponecreme

Die Eigelbe mit dem Zucker zu einer Creme aufschlagen. Den Mascarpone zufügen und alles gut miteinander vermischen. Mit 2 cl vom Orangenlikör parfümieren. Die Eiweiße sehr steif schlagen und unter die Creme ziehen. In Portionsschalen füllen und für einige Stunden im Kühlschrank ruhen lassen. Die Orangen großzügig schälen. Es dürfen keine weißen Häutchen mehr zu sehen sein. Mit einem scharfen Messer das Fruchtfleisch aus den Segmenten schneiden. Den Saft dabei auffangen und mit dem restlichen Orangenlikör vermischen. Die Orangenfilets im eigenen Saft marinieren. Zum Servieren die Orangenfilets auf der Mascarponecreme anrichten.

Bild links: *Dante-Denkmal, Piazza della Signora, Florenz*

Ektachrome

Südtirol & Trentino

Südtirol & Trentino

In Südtirol und im Trentino lebt man die alte österreichische Küchentradition mit mediterranen Einflüssen. Mit großer Leidenschaft werden Kohl, Kartoffeln und Mehlspeisen zubereitet. Natürlich auf italienische Art. Die feinen Klößchen aus rohen Kartoffeln heißen Gnocchi und gehen mit einem sahnigen Ricotta eine wahrhaft köstliche Verbindung ein. Auch die gehaltvolle Sauerkrautsuppe – mit einem Klecks Sahne als krönenden Abschluss –, in der feine Würfelchen vom Tiroler Speck zur geschmacklichen Vollendung beitragen, sollten Sie unbedingt probieren.
In Südtirol und im Trentino schätzt man darüber hinaus die Polenta, den Maisbrei, der mit Käse, Obst, Fisch oder Zwiebeln zubereitet wird. Die klaren Gebirgsflüsse bieten feine Süßwasserfische, die in Butter goldbraun gebraten werden. Dazu passen die Weine der Region wie zum Beispiel Gewürztraminer, Terlaner, Lagrein-Kretzer oder Kalterer See.

Zuppa di crauti

Sauerkrautsuppe

Für 4 Personen

50 g Tiroler Speck, fein gewürfelt
2 Schalotten, fein gewürfelt
3 El Butter
1 l Fleischbrühe
300 g Sauerkraut
3 Wacholderbeeren, im Mörser zerdrückt
2 Gewürznelken
1 große Kartoffel, geschält
2 Scheiben Weißbrot
200 g saure Sahne
Salz
weißer Pfeffer aus der Mühle

Den Tiroler Speck und die Schalotten in der Hälfte der Butter in einem Topf andünsten. Fleischbrühe, Sauerkraut, Wacholderbeeren und Nelken zufügen und 30–40 Minuten köcheln. Die rohe Kartoffel in die Suppe reiben und alles aufkochen lassen. Das Weißbrot würfeln und in der restlichen Butter in einer Pfanne kross braten. Die Hälfte der sauren Sahne unter die nicht mehr kochende Suppe ziehen. Herzhaft mit Salz und Pfeffer abschmecken. Die Suppe auf Teller verteilen, mit den Brotwürfeln bestreuen und auf jede Portion einen Klecks saure Sahne geben.

Für 4 Personen

500 g Kartoffeln
300 g Mehl
2 Eier
2 Tl Salz
Muskatnuss, frisch gerieben
Mehl zum Bearbeiten
3–4 El Butter
15–20 kleine Salbeiblättchen
100 g Parmesan, frisch gerieben

Gnocchi con burro e salvia

Gnocchi mit Salbei

Die Kartoffeln waschen und mit der Schale in Salzwasser etwa 15–20 Minuten garen. Abgießen, ausdampfen, so heiß wie möglich schälen und durch die Kartoffelpresse in eine Schüssel drücken. Mit Mehl, Eiern, Salz und Muskatnuss vermischen. Das geht am besten mit den Händen. Es muss ein weicher, elastischer Teig entstehen. Auf einer mit Mehl bestreuten Arbeitsfläche aus dem Teig fingerdicke Rollen formen und diese in 2,5–3 cm lange Stücke schneiden. In jedes Stück mit dem Zeigefinger eine Delle drücken. In einem großen Topf reichlich Salzwasser aufkochen. Die Gnocchi darin portionsweise sieden lassen. Sobald sie nach oben steigen, mit einem Schaumlöffel abfischen und auf vorgewärmten Tellern anrichten. Während die Gnocchi garen, die Butter in einer Pfanne zerlassen, die Salbeiblättchen zufügen und die Sauce über die fertigen Gnocchi träufeln. Mit frisch geriebenem Parmesankäse bestreut servieren.

Für 4 Personen

250 g Weißbrot vom Vortag
3 Eier
250 ml lauwarme Milch
1 El Butter
150 g Tiroler Speck, fein gewürfelt
1 Zwiebel, fein gewürfelt
1 Bund Petersilie, fein gehackt
4 El Mehl
Salz
schwarzer Pfeffer aus der Mühle
Muskatnuss, frisch gerieben

Canederli

Speckknödel

Das Weißbrot in grobe Würfel schneiden und in eine Schüssel füllen. Die Eier mit der Milch vermischen und über die Brotwürfel gießen, unterheben und 30 Minuten ziehen lassen. Die Butter in einer Pfanne erhitzen, darin Speck und Zwiebeln anbraten. Anschließend zum Brot in die Schüssel geben. Petersilie, Mehl, Salz, Pfeffer und Muskatnuss ebenfalls zufügen und alles gut vermischen.
In einem großen Topf reichlich Salzwasser zum Kochen bringen. Aus der Teigmasse 8–10 gleich große Knödel formen und im Salzwasser gar ziehen lassen. Die Speckknödel sind so gehaltvoll, dass sie, mit einem frischen Salat serviert, eine ganze Mahlzeit darstellen.

Trota e foglia fritto

Bachforellen in Pergamentpapier gebacken

Für 4 Personen

4 Bachforellen, küchenfertig (je ca. 200 g)
weißer Pfeffer aus der Mühle
Salz
2 El Zitronensaft
3 El Butter
250 g Champignons, feinblättrig geschnitten
3 El Petersilie, fein gehackt
2 Eigelb
3 El saure Sahne
2 cl Grappa
Butter zum Bestreichen
4 Bögen Pergamentpapier
Küchengarn

Bachforellen waschen, trockentupfen, pfeffern, salzen und mit etwas Zitronensaft beträufeln. Die Butter in einer Pfanne erhitzen und die Pilze darin anbraten. Abkühlen lassen und mit Petersilie, Eigelb, saurer Sahne und Grappa vermischen.
4 gleich große Pergamentstücke schneiden, mit etwas Butter bestreichen, Forellen auflegen und mit der Pilzmischung belegen. Die Pergamentbögen an den Enden wie ein Bonbon zusammenbinden und die Fische etwa 30 Minuten im Backofen bei 200 °C backen.
Die Pergamentpäckchen auf flachen Tellern anrichten und erst am Tisch öffnen.

CONTINENTAL

Venetien

Venedig, die weltoffene Handelsstadt, und Venetien haben eine Küche, die viele Einflüsse fremder Länder aufgenommen hat. Durch den Seehandel brachten die reisenden Kaufleute einst fremde Kräuter, Gewürze, Früchte und Sämereien in Stadt und Umland. Schnell wurden Reis und Mais in die heimatliche Landwirtschaft integriert und bereichern bis heute als Risotto und Polenta den Küchenplan. Auch Honig, Pinienkerne, Rosinen und Datteln findet man als Ergebnis früherer Handelsbeziehungen in der Küche Venetos.

Risi e bisi ist ein traditionelles Reisgericht der Region und eröffnet am San Marco-Tag immer als erster Gang das Festmenü. Das reiche Angebot an Fisch und Meeresfrüchten ist legendär. Nicht zu vergessen die unzähligen Wurstsorten und die frischen Süßwasserfische aus dem Gardasee. Von dort kommen auch die feinen Weine wie der Bardolino, der spritzige Valpolicella und der zart moussierende Prosecco.

Für 4 Personen

50 g Butter
50 g durchwachsener Speck, fein gewürfelt
2 Schalotten, fein gewürfelt
400 g Erbsen (frisch oder TK-Produkt)
2 El Petersilie, gehackt
1 l Gemüsebrühe
200 g Vialone-Reis
Salz
80 g Parmesan, frisch gerieben

Risi e bisi

Reis mit Erbsen

Die Hälfte der Butter in einem Topf schmelzen und darin den gewürfelten Speck und die Schalotten anschwitzen. Sie dürfen keine Farbe nehmen. Nun die Erbsen und die Hälfte der Petersilie in den Topf geben und eine Suppenkelle Gemüsebrühe angießen. Im geschlossenen Topf etwa 15 Minuten garen. Den Reis zufügen, salzen und bei geringer Hitze etwa 20 Minuten köcheln. Dabei immer wieder von der Gemüsebrühe angießen – der Reis darf nicht trocken werden. Kurz vor Ende der Garzeit die restliche Butter, Petersilie und Käse unter den Reis heben. Vor dem Servieren ruhen lassen.
Beim Risi e bisi ist es wie bei einem Risotto: Der Reis darf nicht zu trocken sein. Wenn man den Kochlöffel durch das Gericht zieht, müssen sich Wellen bilden.

Für 6 Personen

200 g Sahne
100 g Frischkäse mit Knoblauch
schwarzer Pfeffer aus der Mühle
Salz
1 Knoblauchzehe, gepresst
10 g getrocknete Steinpilze
2 El Olivenöl
6–8 Lasagneplatten (vorgekocht)
500 g frische Champignons, in feine Scheiben geschnitten
200 g Parmesan, frisch gerieben
2 Tomaten, gehäutet und ohne Kerne

Lasagne con fungi

Champignon-Lasagne

Die Sahne mit dem Frischkäse erwärmen, mit Pfeffer, Salz und Knoblauch würzen und daraus eine cremige Sauce rühren. Beiseite stellen. Die Steinpilze in 250 ml heißem Wasser einweichen, ausdrücken und das Einweichwasser durch einen Kaffeefilter gießen, damit kein Sand in die Sauce gerät. Dann zur Käse-Sahne-Sauce geben.

Eine rechteckige Auflaufform mit Olivenöl auspinseln und etwas von der Sauce auf dem Boden verteilen. Darauf die erste Lage Lasagneblätter legen. Darauf einen Teil der geschnittenen Champignons und einige Steinpilze legen. Mit etwas Parmesan bestreuen und mit einer weiteren Schicht Nudelblätter belegen. Wieder mit der Sauce beginnen und so die ganzen Zutaten verarbeiten. Zum Schluss mit Käse bestreuen. Das Tomatenfleisch in kleine Würfel schneiden und über die letzte Schicht Käse geben. Mit Olivenöl beträufeln.

Im auf 200 °C vorgeheizten Backofen für ca. 25–30 Minuten (siehe Packungsbeilage) backen. Vor dem Anschneiden die Lasagne 15 Minuten ruhen lassen.

Für 4 Personen

400 g Rinderfilet
2 El Zitronensaft
Salz
schwarzer Pfeffer aus der Mühle
150 ml Olivenöl Extra Vergine
2 Knoblauchzehen, dünn gehobelt
150 g alter Pecorino

Carpaccio con pecorino vecchio

Rinderfilet mit altem Pecorino

Das Rinderfilet für 40–50 Minuten in das Tiefkühlfach legen. Aus Zitronensaft, Salz, Pfeffer und Olivenöl eine Sauce rühren. Das Fleisch auf der Schneidemaschine in hauchdünne Scheiben schneiden und auf Tellern anrichten. Mit der Sauce beträufeln und mit den Knoblauchscheibchen bestreuen. Erst am Tisch den Pecorino über das Fleisch hobeln.

Fegato alla Veneziana

Leber nach venezianischer Art

Die Kalbsleberscheiben von beiden Seiten mit Mehl bestäuben. Olivenöl und 1 Esslöffel Butter in einer Pfanne erhitzen und die Leber von beiden Seiten goldbraun braten. Es dauert etwa 5 Minuten, bis die Leber gar ist. Das Fleisch auf einen Teller legen und abgedeckt warm halten. Die restliche Butter und den Zucker in die Pfanne geben und karamellisieren lassen. Zwiebeln und Petersilie zufügen und schnell Farbe nehmen lassen. Mit Salz und Pfeffer abschmecken. Die Leberscheiben mit dem Zwiebelmus auf Tellern anrichten und mit Ciabatta servieren.

Für 4 Personen

4 Scheiben Kalbsleber (je 200 g)
2 El Mehl
2 El Olivenöl
2 El Butter
1 Prise Zucker
3 Zwiebeln, fein gehackt
1 Bund glatte Petersilie, fein gehackt
Salz
schwarzer Pfeffer aus der Mühle

Friaul-Julisch Venetien

Die unverfälschte Natur des Friauls spiegelt sich in dessen schnörkelloser Küche wider.

Kräftige Würste, gehaltvolle Ragouts, Bohnensuppe, Reis und Polenta stehen für einen bodenständigen Genuss. Triest, die Stadt an der Grenze zum Balkan, hat viele Rezepturen aus der balkanischen und österreichischen Küche übernommen. Eine Besonderheit der Küche des Friauls ist deshalb der Gebrauch von Kräutern und Gewürzen, die in der italienischen Küche sonst nicht anzutreffen sind. Majoran, Kümmel und Meerrettich finden hier in den geschmorten Fleischgerichten und an Innereien ihre Verwendung.

Im trockenen Wind von San Daniele gedeiht ein vorzüglicher Wein, der dank der frühzeitigen Besinnung auf Qualität einen hohen Standard genießt. Weinkenner horchen auf, wenn Namen wie Collio und Colli Orientali fallen. Aus den Chardonnay-, Sauvignon- und Ribolla-Trauben werden im Anbaugebiet Friaul-Julisch Venetien feinste Tropfen gekeltert.

Für 4–6 Personen

200 g Bohnen, getrocknet
100 g Graupen
1 Tl Majoran, getrocknet
1 Zwiebel
2 Knoblauchzehen, mit Salz zerrieben
1/4 Knollensellerie, geschält und gewürfelt
2 Lorbeerblätter
2 Kartoffeln, geschält und gewürfelt
1 Möhre, geschält und gewürfelt
250 g Schinkenendstücke, fein gewürfelt
1/2 l Milch
Salz
schwarzer Pfeffer aus der Mühle

Minestra di fagioli e orzo

Bohneneintopf mit Graupen

Die Bohnen über Nacht in kaltem Wasser einweichen. Das Wasser abschütten, die Bohnen mit den Graupen und Majoran in kaltem Wasser aufsetzen. Alle Gemüse und die Schinkenstücke zufügen und auf kleiner Flamme für 2 Stunden abgedeckt köcheln lassen. Nun die Milch angießen, mit Salz und Pfeffer würzen und den Eintopf für 1 Stunde abgedeckt auf der ausgeschalteten Flamme ruhen lassen. Mit kräftigem Bauernbrot und einem roten Landwein servieren.

Polenta al burro

Polenta mit Butter

Für 4 Personen

Salz
250 g Polenta (Instant)
Butter für die Form
250 g Montasio, gerieben
100 g Butter, geschmolzen

1,5 l Wasser mit Salz zum Kochen bringen. Die Polenta langsam und unter ständigem Rühren in das Wasser einrieseln lassen. Nach Packungsanweisung kochen, anschließend auf ein Holzbrett stürzen und mit einer Palette glatt streichen. Nach dem Erkalten die Polenta in Scheiben schneiden. Eine feuerfeste Form oder ein Backblech mit Butter auspinseln und die Polentascheiben nebeneinander legen. Mit geriebenem Montasio-Käse bestreuen und mit zerlassener Butter beträufeln. Im vorgeheizten Backofen bei 180 °C für 20 Minuten überbacken.
Zu einer so gehaltvollen Polenta reicht man einen grünen Salat.

Polenta con funghi coltivati

Polenta mit Champignons

Für 4 Personen

250 g frische Champignons
80 g Butter
Salz
schwarzer Pfeffer aus der Mühle
1 l Gemüsebrühe
grobes Meersalz
300 g Polenta (Instant)
150 g Gorgonzola
Butter für die Form

Die Champignons gründlich putzen, mit einem Messer die erdigen Teile an den Pilzen wegkratzen, die Stiele abschaben. Die Pilzköpfe vorsichtig mit einem feuchten Tuch abwischen. Es soll so wenig wie möglich von den Pilzen wegfallen. Zum Braten die Pilze in grobe Stücke schneiden. In einer schweren Pfanne die Hälfte der Butter erhitzen und die Pilze darin kräftig anbraten. Die Pilzfeuchtigkeit soll fast verkocht sein. Mit Salz und Pfeffer würzen und beiseite stellen.

In einem großen Topf die Gemüsebrühe zum Kochen bringen. Mit grobem Meersalz würzen und den Polentagrieß in einem dünnen Strahl hineinrieseln lassen. Den Maisgrieß ca. 20 Minuten köcheln und dabei stets umrühren, damit sich keine Klümpchen bilden. Die gebratenen Champignons in die Polenta geben und gut unterziehen. Den Gorgonzola in kleine Stücke schneiden und ebenfalls in den Topf geben. Es muss sich alles gut verbinden. Kräftig mit Pfeffer aus der Mühle abschmecken. Eine Auflaufform mit Butter auspinseln, die Polentamasse einfüllen, glatt streichen und die restliche Butter in Flöckchen auf der Polenta verteilen. Den Backofen auf 180 °C vorheizen und die Polenta darin für ca. 15 Minuten goldbraun backen. In der Form servieren. Dazu passt ein Salat aus Rucola mit jungen Spinatblättern und ein kühler Weißwein aus dem Friaul.

Animelle con bietole

Kalbsbries mit Mangold

Für 4 Personen

400 g Kalbsbries
Salz
5 El Essig
500 g Mangoldblätter
1 Tl Mehl
30 g Butter
1 El Olivenöl
1 Knoblauchzehe, hauchdünn gehobelt
einige Salbeiblätter
schwarzer Pfeffer aus der Mühle
2 El Zitronensaft

Kalbsbries 30 Minuten wässern. Anschließend in leicht kochendem Salzwasser unter Zugabe von Essig für etwa 20 Minuten garen. Mangold putzen und in feine Streifen schneiden. Das Kalbsbries mit der Schaumkelle aus dem Wasser heben, abkühlen lassen und von Häuten und Äderchen befreien. Das Bries in einzelne Röschen zupfen und im Mehl wälzen. Butter und Öl in einer hohen Pfanne erhitzen, darin die Knoblauchscheibchen und die Salbeiblätter ganz kurz anbraten. Sie dürfen nicht braun werden. Nun die Briesstückchen zufügen und ebenfalls leicht anbraten. Die Mangoldstreifen über das Kalbsbries streuen, Deckel auflegen und zusammenfallen lassen. Mit einem Löffel alles vermischen und mit Salz, Pfeffer und Zitronensaft würzen. Dazu reicht man frisches Ciabatta.

Für 6 Personen

3 reife Birnen
350 ml Portwein
200 g Sahne
1 Päckchen Vanillezucker

Pere al vino Porto con panna

Portweinbirnen mit Schlagsahne

Die Birnen schälen, halbieren und vom Kerngehäuse befreien. Rundherum vorsichtig mit einer Gabel einstechen. Den Portwein erhitzen und die Birnen darin bei schwacher Hitze leise etwa 10 Minuten köcheln. Die Birnen sollten ganz vom Portwein bedeckt sein. Die Früchte im Portwein abkühlen und über Nacht im Kühlschrank durchkühlen lassen. Die Sahne vor dem Servieren mit dem Vanillezucker steif schlagen. Die Birnenhälften in kleine Schalen füllen, mit etwas Portwein beträufeln und mit der Vanillesahne anrichten.

Ligurien

In Ligurien liebt man Olivenöl und Pesto. Die überaus geglückte Verbindung von Pinienkernen, Basilikum, Knoblauch, grobem Salz und Parmesankäse mit bestem Olivenöl hat hier ihren Ursprung und bildet die kulinarische Krönung der Region.

Liguriens Vielfalt spiegelt sich auf den Tellern wider. Die häufige Verwendung von Rosinen und Pinienkernen in der Speisenbereitung ist ein Indiz dafür, dass einst die Sarazenen auf ihren Kriegszügen hier ihre Geschmacksnoten hinterlassen haben. Auch die Teigtaschen, als Pansoti bekannt, sind ein orientalisches Mitbringsel. In ihnen vereinigt sich heute die Raffinesse italienischer Pasta mit dem Duft der ligurischen Kräuterwiesen. Zu allen ligurischen Speisen passen die berühmten Weißweine von Cinqueterre.

Für 4 Personen

2 kg Muscheln

Für den Sud:
0,7 l Weißwein
1 Bund Suppengrün, geputzt und grob geschnitten
2 Zwiebeln, geschält und gewürfelt
3 Lorbeerblätter
1 Tl schwarze Pfefferkörner

Zum Überbacken:
3 Fleischtomaten, gehäutet, gehackt und ohne Kerne
3 Knoblauchzehen, gehackt
1 Bund glatte Petersilie, gehackt
1 El Kapern, gehackt
2 El Semmelbrösel
Salz
schwarzer Pfeffer aus der Mühle
4 El Olivenöl
100 g alter Pecorino, frisch gerieben

Cozze gratinate

Überbackene Muscheln

Die Muscheln gründlich waschen und die Bärte abschneiden. Alle Zutaten für den Sud in einen großen Topf füllen. Die Muscheln zufügen und so viel Wasser angießen, bis sie knapp bedeckt sind. Bei starker Hitze zum Kochen bringen. Wenn sich die Schalen öffnen, die Muscheln aus dem Topf heben. (Die ungeöffneten Muscheln aussortieren!) Die obere Schale der Muscheln abbrechen und die Muschelhälften auf einem Backblech anordnen.
Aus Tomaten, Knoblauch, Petersilie, Kapern, Semmelbröseln, Salz, Pfeffer und Olivenöl eine cremige Paste herstellen und gleichmäßig auf den Muschelhälften verteilen. Mit geriebenem Pecorino bestreuen und mit etwas Olivenöl beträufeln.
Im Backofen unter dem Grill ca. 8–10 Minuten überbacken.
Mit Zitronenschnitzen, knusprigem Weißbrot und einem kühlen Weißwein servieren. Wer mag, trinkt den Muschelsud aus Tassen dazu.

Piselli mangiatutto con cipolle

Zuckerschoten mit roter Zwiebel

Die Zuckerschoten putzen und in wenig Salzwasser 8 Minuten garen. Abgießen und in Eiswasser abkühlen. Gut abtropfen lassen.
Das Olivenöl in einer Pfanne erhitzen und die Zwiebelringe darin glasig dünsten. Die Zuckerschoten zufügen und alles gut vermischen. Mit Salz, Pfeffer und 1 Prise Zucker würzen. Die Zuckerschoten passen gut zu kurz gebratenem Fleisch.

Für 4 Personen

1 kg Zuckerschoten
Salz
3 El Olivenöl
1 rote Zwiebel, in feine Ringe geschnitten
weißer Pfeffer aus der Mühle
1 Prise Zucker

Für 4 Personen

500 g weiße Champignons
4 El Olivenöl
3 El Petersilie, gehackt
Salz
weißer Pfeffer aus der Mühle

Funghi coltivati friggere

Gebratene Champignons

Champignons putzen und in Scheiben schneiden. Das Olivenöl in einer Pfanne erhitzen und die Pilze darin von beiden Seiten braten. Die Petersilie zufügen, salzen und pfeffern.
Die Pilze schmecken gut zu Gnocchi oder feinem Weißbrot. Mit Zitronenschnitzen servieren.

Für 4 Personen

3 El Pinienkerne
3 Bund Basilikum
3 Knoblauchzehen
1/4 Tl grobes Meersalz
80 g Parmesan, frisch gerieben
80 g Pecorino, frisch gerieben
1/2 Tasse Olivenöl Extra Vergine
schwarzer Pfeffer aus der Mühle

Pesto alla Genovese

Genueser Basilikumsauce

Die Pinienkerne in der Pfanne ohne Fett anrösten, anschließend auskühlen lassen. Basilikumblätter abzupfen, waschen, gut trocknen und grob hacken. Den Knoblauch schälen und ebenfalls grob hacken. Pinienkerne, Basilikum und Knoblauch mit dem Meersalz in den Mörser geben und mit dem Stößel zu einer Paste verarbeiten. Den Käse nach und nach in kleinen Portionen unterarbeiten, das Öl tropfenweise zufügen und zum Schluss mit schwarzem Pfeffer würzen.
Dieses Pesto reicht man zu frisch gekochten, heißen Nudeln. In Ligurien isst man es zu Trenette, das sind eckige Spaghetti.

Pansoti con salsa di noci

Gefüllte Teigtaschen mit Walnusssauce

Für 6 Personen

Für den Teig:
500 g Weizenmehl, gesiebt
3 Eier
Salz

Für die Füllung:
500 g Blattspinat (TK-Produkt)
500 g Borretsch, gewaschen und trockengetupft
250 g Friséesalat, gewaschen und trockengetupft
150 g Ricotta
2 Eier
60 g Parmesan, frisch gerieben
1 El Majoranblätter, fein gehackt
2 Knoblauchzehen, fein gehackt

Für die Walnusssauce:
20 Walnusskerne, ohne Haut
50 g Pinienkerne
1 Knoblauchzehe, geschält
1 Bund glatte Petersilie
250 g Sahne
Salz
schwarzer Pfeffer aus der Mühle
4 El Parmesan, frisch gerieben
2 El Butter, geschmolzen

Weizenmehl, Eier und Salz zu einem Teig verkneten und so viel Wasser zugeben, dass er geschmeidig und elastisch wird. Den Teig dünn ausrollen und in handtellergroße Vierecke schneiden.
Blattspinat auftauen, zusammen mit Borretsch und Friséesalat in einem Topf mit 2 Esslöffel Wasser garen und zusammenfallen lassen. Gut ausdrücken und mit dem Stabmixer pürieren. Ricotta, Eier, Parmesankäse, Majoranblättchen und Knoblauch mit dem Gemüse vermischen. Mit einem Teelöffel nussgroße Portionen abstechen und auf die Mitte der vorbereiteten Teigplatten setzen. Die Enden so zusammenklappen, dass bauchige Dreiecke entstehen. In kochendem Salzwasser etwa 10 Minuten garen.
Währenddessen Walnüsse, Pinienkerne, Knoblauch und Petersilie mit der Küchenmaschine fein hacken. In eine Schüssel füllen und langsam die Sahne unter den Nussbrei ziehen. Mit Salz und schwarzem Pfeffer abschmecken. Die Sauce über die fertigen Teigtaschen geben. Mit Parmesankäse bestreut und mit geschmolzener Butter übergossen servieren.

Emilia-Romagna

Die Küche der Emilia-Romagna ist nichts für Kalorienzähler. Hier wird geschwelgt und geschlemmt, dass es eine wahre Pracht ist. Man liebt selbst gemachte Nudeln, die als Tortellini, Ravioli oder Lasagne auf den Tisch kommen. Mit Fleisch oder Gemüse gefüllt werden sie in üppigen Saucen serviert. Oftmals dazu mit einer feinen Käseschicht überbacken kommen sie knusprig brodelnd aus dem Ofen direkt auf den Tisch.

Der Parmaschinken und der Parmesankäse sind Produkte dieser Region und wohl die berühmtesten Schinken und Käse im Land. Der feinwürzige Geschmack beider Erzeugnisse ist einzigartig. Eine weitere Spezialität ist der Aceto Balsamico, eine würzige, sirupartige Essenz, bei der man beileibe nicht von gewöhnlichem Essig sprechen kann. Der echte Aceto Balsamico kommt aus Modena. Feinschmecker lassen sich den manchmal bis zu 50 Jahre alten Aceto tropfenweise auf der Zunge zergehen.

Für 4 Personen

3 mittelgroße Zucchini
6 El Olivenöl Extra Vergine
500 ml Tomatensauce (Fertigprodukt)
4 Knoblauchzehen, durchgepresst
schwarzer Pfeffer aus der Mühle
Salz
1 Tl Oregano, getrocknet
1 Tl Thymian
1 Prise Cayennepfeffer

Zucchini in salsa cruda di pomodoro

Gebratene Zucchini in kalter Tomatensauce

Die Zucchini waschen, längs in dünne Scheiben schneiden und gut trocknen. In 3 Esslöffel Olivenöl goldbraun ausbacken. Einen großen Teller mit Küchenpapier auslegen und die Zucchinischeiben darauf entfetten.
Die Tomatensauce mit dem restlichen Olivenöl und den anderen Zutaten vermischen. Kräftig abschmecken und die abgekühlten Zucchinischeiben mit der Sauce in eine Form einschichten. Abgedeckt im Kühlschrank für 6–8 Stunden marinieren. 1 Stunde vor dem Servieren aus dem Kühlschrank nehmen. Dazu passt Ciabatta und ein trockener Wein.

Fagiolini al aglio e basilico

Grüne Böhnchen mit Knoblauch und Basilikum

Für 4 Personen

500 g Bobbybohnen
Salz
2 Knoblauchzehen
1 Bund Basilikum
3 El Olivenöl Extra Vergine

Die Bohnen putzen, waschen und für ca. 10–15 Minuten in Salzwasser kochen. Die Knoblauchzehen schälen und durch die Presse drücken. Das Basilikum grob zerrupfen und mit dem Knoblauch und dem Olivenöl vermischen. Die fertig gegarten Bohnen abgießen, abdampfen lassen und die Olivenölmischung über die Bohnen gießen. Mit einer guten Prise Salz würzen. Den Deckel auf den Topf legen und durch kräftiges Rütteln den Inhalt miteinander vermischen.
Diese Bohnen sind eine köstliche Beilage zu kurz gebratenem Fleisch.
Auch kalt genossen sind sie ein Genuss. Bereiten Sie ruhig etwas mehr davon zu. Sie schmecken prima als Salat.

Prosciutto di Parma e indivia riccia

Parmaschinken auf Endiviensalat

Den Endiviensalat in einzelne Blätter zerteilen, waschen und die harten Strünke wegschneiden. Flache Teller damit auslegen. Mit dem Stabmixer aus den angegebenen Zutaten eine Vinaigrette rühren und über dem Endiviensalat verteilen. Sternförmig die Schinkenscheiben darauf anrichten. Dazu passen geröstete Ciabattascheiben, die mit Knoblauch eingerieben und mit feinem Olivenöl beträufelt sind.

Für 4 Personen

1/2 Kopf Endiviensalat
1 Tl Senf
3 El weißer Balsamicoessig
2 harte Eigelb
1 Prise Zucker
Salz
weißer Pfeffer aus der Mühle
4 El natives Olivenöl
200 g Parmaschinken, in nicht zu dünne Scheiben geschnitten

Für 4 Personen

2 Knoblauchzehen
1 Zwiebel
50 g durchwachsener Speck, gewürfelt
5 große Steinpilze, frisch
50 g Butter
4 El Olivenöl
200 g Hühner- oder Putenleber, geputzt und gewürfelt
250 ml Weißwein
250 g Sahne
Salz
schwarzer Pfeffer aus der Mühle
500 g Bandnudeln
1 schwarze Trüffel

Tagliatelle con funghi porcini e tartufi neri

Bandnudeln mit Steinpilzen und schwarzen Trüffeln

Den Knoblauch und die Zwiebel schälen und in feine Würfel schneiden. Mit dem gewürfelten Speck vermischen. Die Steinpilze vorsichtig mit einer kleinen Bürste säubern, die Stiele mit einem Messer wenig abschaben, die Pilzköpfe mit einem feuchten Tuch reinigen. Mit einem scharfen Messer die Pilze in nicht zu dünne Scheiben schneiden.
Butter und Olivenöl in einer Pfanne erhitzen und die Speckmischung darin goldbraun anbraten. Dann die Pilze dazugeben und bei kleiner Flamme ohne Deckel schmurgeln lassen. Wenn die Pilzfeuchtigkeit verdampft ist, die gewürfelte Hühnerleber dazugeben und anbraten. In kleinen Portionen den Wein angießen und immer wieder einkochen lassen. Mit der Sahne auffüllen und kräftig mit Salz und Pfeffer würzen. Die Sauce wieder etwas einkochen lassen.
Die Bandnudeln im Salzwasser bissfest garen und gut abgetropft zur Sauce in die Pfanne geben. Alles gründlich miteinander vermischen. In tiefen Tellern anrichten und mit der gründlich gesäuberten Trüffel üppig überhobeln.

Filetto di maiale in salsa balsamica

Schweinefilet in Rosmarin-Balsamico-Marinade

Für 4 Personen

1 Schweinefilet (ca. 450 g)
Salz
weißer Pfeffer aus der Mühle
3 El Olivenöl Extra Vergine
3 El Aceto Balsamico
3 El Weißwein
1 Rosmarinzweig

Das Schweinefilet sollte vor dem Braten Raumtemperatur haben. So verliert es beim Anbraten keinen Bratensaft. Das Schweinefilet putzen, salzen, pfeffern und im Olivenöl von allen Seiten anbraten. Die Hitze reduzieren und in der geschlossenen Pfanne für ca. 15 Minuten garen. Balsamico mit Weißwein vermischen und nach und nach über das Fleisch gießen.
Die Rosmarinnadeln fein hacken und über das Fleisch streuen. In der Pfanne erkalten lassen. Das Filet schräg in Scheiben schneiden und mit der Sauce beträufelt servieren.

Das ist das Credo der toskanischen Küche: Schlichte Speisen aus hervorragenden Zutaten – und die müssen aromatisch und knackig frisch sein. Zum Beispiel die Pinzimonio: Dabei werden frische Gemüse wie Paprika, Staudensellerie, Fenchel und Möhren gewaschen, in feine Streifen geschnitten und auf einer Platte, die in die Mitte des Tisches gestellt wird, angerichtet. Dazu reicht man für jeden ein kleines Schälchen, das eine Mischung aus toskanischem Olivenöl Extra Vergine, Salz und Pfeffer enthält. Dahinein werden die Gemüsestreifen getaucht und roh verzehrt. Mit ungesalzenem toskanischem Landbrot und einem Glas Chianti classico ein unauffälliges, aber großes Essvergnügen. Unvergesslich auch die süßen Cantucci, die man in der Toscana mit Vin Santo als Dessert ist.

David – Florenz

Tagliatelle con pomodoro e rucola

Bandnudeln mit Tomaten und Rucola

Für 4 Personen

400 g Fleischtomaten
2 Knoblauchzehen
4 El Olivenöl
Salz
schwarzer Pfeffer aus der Mühle
500 g Rucola
400 g Tagliatelle
150 g Pecorino, frisch gerieben

Die Tomaten mit kochendem Wasser übergießen und enthäuten. Das Fruchtfleisch in Stücke schneiden und die Kerne entfernen. Die Knoblauchzehen schälen, klein hacken und im erhitzten Olivenöl goldgelb anrösten. Die Tomaten hinzufügen und herzhaft mit Salz und Pfeffer abschmecken. In der geschlossenen Pfanne 15 Minuten köcheln lassen.
Den Rucola 10 Minuten in reichlich Salzwasser garen. Wenn möglich, die Bandnudeln im gleichen Wasser mitkochen. Rucola und Tagliatelle gründlich abgetropft mit dem Pfanneninhalt vermischen und mit Pecorino bestreut servieren.

Maccheroni coi carciofi

Makkaroni mit kleinen Artischocken in Tomatensauce

Den Stiel der kleinen Artischocken gleich unter dem Blütenansatz abschneiden. Die kleinen harten Blätter rund um den Stielansatz abbrechen. Von den äußeren Blättern die Spitzen abschneiden. Die Artischocke auf ein Arbeitsbrett legen und mit einem scharfen Messer die Spitze abschneiden. Mit einer Gabel das nun sichtbare Heu entfernen. Die Artischocken vierteln und sofort in eine Schüssel mit Wasser und 2 Esslöffel Zitronensaft legen. Zum Kochen die geviertelten Artischocken in einen Topf geben und mit Wasser bedecken. Salz und den restlichen Zitronensaft zufügen. Nach 15 Minuten Kochzeit sind die Artischocken gar. Gut abtropfen lassen. Die Tomaten häuten, vierteln und klein würfeln. Zwiebel und Knoblauch schälen und in feine Stücke schneiden. Möhre und Sellerie putzen und ebenfalls in kleine Würfel schneiden. Das Olivenöl in einer Pfanne erhitzen und die Zwiebel- und Knoblauchwürfel darin anbräunen. Das Gemüse zufügen und alles kurz andünsten. Die heiße Gemüsebrühe angießen, mit Salz und schwarzem Pfeffer würzen. Ca. 10 Minuten auf kleiner Flamme köcheln lassen.
Die Makkaroni al dente kochen. Abgießen und auf Tellern kleine Nester damit formen. Die Artischocken mit der Tomatensauce vermischen und auf den Nudelnestern anrichten. Mit Thymianblättchen und Parmesankäse bestreut servieren.

Für 4 Personen

12 kleine Artischocken
4 El Zitronensaft
Salz

Für die Tomatensauce:
750 g Tomaten
1 große Zwiebel
2 Knoblauchzehen
1 Möhre
1 Stange Bleichsellerie
3 El Olivenöl (kaltgepresst)
125 ml heiße Gemüsebrühe
Salz
schwarzer Pfeffer aus der Mühle
300 g Makkaroni
2–3 Zweige frischer Thymian
75 g Parmesan, frisch gerieben

Palazzo Vecchio – Florenz

Cotolette d'agnello all'olio di erbe aromatiche

Lammkoteletts mit Kräutervinaigrette

Für 4 Personen

Für die Kräutervinaigrette:
1 El Rosmarinnadeln
3 Salbeiblätter
4 El glatte Petersilie
2 Knoblauchzehen
1 Chilischote, getrocknet, ohne Kerne
Salz
150 ml natives Olivenöl
1 Tl weißer Balsamicoessig

Für das Fleisch:
12 kleine Lammkoteletts (Stielkoteletts)
Olivenöl zum Braten
schwarzer Pfeffer aus der Mühle
Salz

Alle Kräuter gründlich putzen und fein hacken. Knoblauch und Chilischote mit etwas Salz im Mörser zerdrücken. Alle Zutaten mit dem Olivenöl vermischen und mit Salz und dem weißen Balsamicoessig abschmecken. Damit sich alle Aromen entfalten, etwa 1 Stunde abgedeckt ruhen lassen.

Die Lammkoteletts am Stiel frei schaben (vom Metzger machen lassen). Von beiden Seiten mit Olivenöl einpinseln. Eine Pfanne erhitzen und die Koteletts von jeder Seite ca. 2–3 Minuten braten. Erst nach dem Braten die Koteletts pfeffern und salzen. Die Koteletts auf Tellern anrichten und mit der Kräutervinaigrette servieren.

Ponte Vecchio – Florenz

Spezzatino di maiale

Schweinegulasch mit Rosmarin

Für 4 Personen

750 g mageres Schweinefleisch
2 Rosmarinzweige
4–5 Knoblauchzehen
5 El Olivenöl
Salz
schwarzer Pfeffer aus der Mühle
1 Chilischote, ohne Kerne
400 g Tomaten, gehäutet
125 ml Weißwein

Das Schweinefleisch in Würfel schneiden und mit dem Rosmarin und dem Knoblauch in Olivenöl kräftig anbraten. Erst wenn das Fleisch braun ist, salzen, pfeffern und die Chilischote zufügen. Die Tomaten in Stücke schneiden und zum Fleisch in den Topf geben. Den Weißwein angießen, den Deckel auflegen und das Fleisch ca. 1 Stunde auf kleiner Flamme schmoren lassen.
Dazu passt körniger Reis und ein kühler Weißwein.

Für 4–6 Personen

200 g Sahne
4 El Zucker
4 Eiweiß
4 Eigelb
500 g Mascarpone (ital. Frischkäse)
150 g Löffelbiskuits
1 Tasse starker Espresso
5 El Amaretto (Mandellikör)
Kakaopulver

Tirami sù

Tiramisu

Die Sahne mit dem Zucker steif schlagen. Das Eiweiß zu Eischnee schlagen. Die Eigelbe mit dem Mascarpone gut vermischen und zu einer Creme rühren. Jetzt mit einem Spatel Sahne und Eischnee unter die Creme heben. Eine Form mit einer Lage Löffelbiskuits auslegen und mit der Mischung aus Espresso und Amaretto beträufeln. Eine Lage von der Creme auftragen und wieder mit Löffelbiskuits belegen. Diese wieder mit der Espressomischung beträufeln. Die letzte Schicht muss die Creme sein. Jetzt alles mit reichlich Kakao bestreuen und über Nacht in den Kühlschrank stellen. Zum Servieren Portionen abstechen. Dazu passt ein perlender Spumante.
Achten Sie auf die Frische der Eier, die Sie verwenden. Sie sollten nicht älter als drei Tage sein!

Marken

Nirgendwo in Italien bekommt man so viele köstliche und vielfältig zubereitete Fischsuppen wie in den Marken. Jeder, der in dieser Region kocht, hat dafür seine ganz spezielle Zusammenstellung und Würzung. Olive ascolane heißen die pikant gefüllten Oliven, die nur hier in aufwändiger Handarbeit hergestellt werden – doch die Mühe schmeckt man allemal. In den Marken liebt man außerdem Pasta über alles. Sie wird mit üppigen Saucen, die durch frische Tomaten eine wunderschöne Farbe und einen tollen Geschmack bekommen, serviert. Zu allem passt der Verdicchio, ein angenehm trockener, frischer Weißwein mit zartem, an unreifes Obst erinnernden Duft und einem leicht bitteren Geschmack.

Für 4 Personen

4 Zucchini
1 Zwiebel
2 El Olivenöl
1 l Gemüsebrühe
1 Chilischote, ohne Kerne, in feine Ringe geschnitten
weißer Pfeffer aus der Mühle
Salz
200 g Sahne
1 Msp. Gelbwurz

Zuppa di zucchine

Zucchinisuppe

Die Zucchini putzen und in feine Würfel schneiden. 3 Esslöffel davon beiseite stellen. Die Zwiebel fein würfeln und im erhitzten Olivenöl glasig dünsten. Die Gemüsebrühe erhitzen und die Zucchini darin weich kochen. Zwiebel und Chilischote zufügen. Mit Pfeffer und Salz abschmecken und mit dem Stabmixer aufschäumen. Die Sahne mit dem Gelbwurz halbfest schlagen. Die Suppe in Schalen füllen, mit einem Klecks Sahne versehen und mit Zucchiniwürfeln bestreut servieren.

Insalata di tonno con fagioli bianchi

Thunfischsalat mit weißen Bohnen

Für 4 Personen

Die italienische Hausfrau nimmt für dieses Gericht getrocknete weiße Bohnen, die sie über Nacht einweicht und danach noch über eine Stunde kocht. Wir empfehlen Bohnen aus dem Glas. Die schmecken ebenso gut und man ist schneller fertig.

200 g weiße Bohnen (in einem Sieb abtropfen lassen)
2–3 El Kapern
1 Knoblauchzehe, zerdrückt
3 Salbeiblätter, in feine Streifen geschnitten
200 g Thunfisch (aus der Dose im eigenen Saft)
Salz
weißer Pfeffer aus der Mühle
3 El weißer Aceto Balsamico
4 El Olivenöl Extra Vergine
100 g Rucola, geputzt

Die abgetropften Bohnen mit Kapern, zerdrückter Knoblauchzehe und Salbeiblättern in einer Schüssel gut vermischen. Den Thunfisch abtropfen lassen und mit zwei Gabeln in Stücke zerteilen. Zur Bohnenmischung geben. Aus Salz, weißem Pfeffer und Essig ein Dressing rühren. Das Salz soll sich ganz aufgelöst haben. Jetzt erst das Olivenöl dazugeben und gut einarbeiten. Die Sauce über die Bohnenmischung geben und gut unterheben. 15 Minuten ziehen lassen. In dieser Zeit den Rucola auf Tellern anrichten.
Den Bohnen-Thunfisch-Salat auf den Salatblättern verteilen und mit Weißbrot servieren.

Cannelloni agli spinaci

Gefüllte Nudelröllchen mit Spinat-Ricotta-Füllung

Für 4 Personen

350 g Blattspinat (TK-Produkt)
200 g Ricotta (ital. Frischkäse)
100 g Pecorino, frisch gerieben
2 Knoblauchzehen, gehackt
Salz
schwarzer Pfeffer aus der Mühle
Muskatnuss, frisch gerieben
4 El Olivenöl
24 Cannelloni (Fertigprodukt ohne Vorkochen)
4 El Parmesan, frisch gerieben
1 Tomate, gehäutet und gewürfelt

Für die Béchamelsauce:

2 El Butter
3 El Mehl
375 ml Milch
Salz
weißer Pfeffer aus der Mühle
Muskatnuss, frisch gerieben

Den Spinat auftauen und gründlich ausdrücken. In grobe Stücke schneiden. In einer großen Schüssel mit Ricotta, Pecorinokäse, Knoblauch, Salz, Pfeffer, Muskatnuss und Olivenöl vermischen. Mit einer Gabel in die Cannelloni füllen.

Für die Béchamelsauce die Butter in einem Topf schmelzen und aufschäumen lassen. Mit dem Mehl bestreuen und vom Topfboden losrühren. Nach und nach die Milch unterrühren. Es muss eine cremige Sauce entstehen. Mit Salz, Pfeffer und kräftig Muskatnuss würzen.

In eine ausreichend große Auflaufform einen Béchamelsaucenspiegel gießen. Darauf die gefüllten Nudelrollen verteilen. Mit der restlichen Sauce begießen. Mit dem geriebenen Parmesankäse bestreuen und die gewürfelte Tomate darüber geben. Im Backofen bei ca. 190 °C 30 Minuten garen. Weitere 10 Minuten im ausgeschalteten Backofen stehen lassen und in der Form auf den Tisch bringen. Dazu passt ein trockener Weißwein.

Für 4 Personen

3 El Olivenöl
3 Zwiebeln, in feine Scheiben geschnitten
2 Tomaten, in dünne Scheiben geschnitten
2 Knoblauchzehen, in feine Scheiben geschnitten
400 g Fischfilet (Knurrhahn, Seeteufel, Scampi, Seehecht)
schwarzer Pfeffer aus der Mühle
Meersalz
1 Tl Oregano
1 Bund glatte Petersilie, gehackt
1 Glas Weißwein
2 El Kapern

Ghiotta di pesce

Gemischter Fischtopf

Etwas Olivenöl in einen Topf geben und die Hälfte der Zwiebeln, der Tomaten und der Knoblauchscheiben auf dem Topfboden verteilen. Fischfilets und Scampi pfeffern, salzen und auf das Gemüse in den Topf legen. Oregano und Petersilie darauf verteilen, mit dem restlichen Gemüse bedecken. Nochmals pfeffern und salzen. Den Weißwein angießen und mit dem restlichen Olivenöl beträufeln. Die Kapern darüber streuen. Bei schwacher Hitze und leicht geöffnetem Deckel 10–15 Minuten köcheln. Den Eintopf im Topf auf den Tisch bringen. Mit einem großen Löffel verteilen, damit auch von der Sauce, die im Topf ist, jeder etwas abbekommt. Mit geröstetem Weißbrot, das mit Knoblauch eingerieben wurde, servieren.

Umbrien

Die Umbrer sind erfrischend unkompliziert, wenn es um die Handhabung von Zutaten, Spezialitäten und Delikatessen geht. Es wird als selbstverständlich erachtet, dass zum Kochen nur die besten, nur frische und naturbelassene Ingredienzen verwendet werden. Üppige Suppen, gegrillte Fleischspieße, hausgemachte Nudeln werden mit viel Liebe zum Detail und mit größter Akribie zubereitet. Und mit den schwarzen Trüffeln (*Tuber melanosporum*) geht man nicht so sparsam um wie im Piemont. Sie finden in Ragouts, Pastasaucen, Omeletts oder Frittata ihre Verwendung. Mit einem kühlen Glas Orvieto oder Montefalco serviert, kann keiner dieser Genussvielfalt widerstehen.

Crostini con tartufi

Geröstetes Brot mit feiner Trüffelpastete

Die Trüffel unter kaltem Wasser gründlich reinigen und sorgfältig trockentupfen. Auf der Küchenreibe fein reiben. Die Sardellenfilets mit dem Olivenöl im Mörser zu einer cremigen Paste verarbeiten. Die geriebenen Trüffel unter die Masse heben und mit Salz würzen. Die Trüffelpastete auf die gerösteten Brotscheiben streichen und sofort servieren.

Für 4 Personen

100 g schwarze Trüffel
1–2 Sardellenfilets
5 El Olivenöl Extra Vergine
Salz
4 Scheiben Bauernbrot

Für 4 Personen

1 kg Tomaten, gehäutet
500 ml Gemüsebrühe
2 El Olivenöl
1 Zwiebel, fein gewürfelt
Salz
weißer Pfeffer aus der Mühle
1 Prise Zucker
1 El Tomatenmark
2 El Basilikumblätter, fein gewiegt
1 Becher saure Sahne
Basilikumblätter für die Garnitur

Zuppa di pomodoro

Tomatensuppe

Die gehäuteten Tomaten mit der Gemüsebrühe aufkochen. Das Olivenöl erhitzen und darin die Zwiebel goldbraun braten. In die Gemüsebrühe geben. Mit Salz, Pfeffer und Zucker würzen. Das Tomatenmark zufügen und alles mit einem Stabmixer aufschäumen. Nochmals abschmecken und die Basilikumblätter unterrühren. Die Tomatensuppe in tiefen Tellern anrichten und mit einem Klecks saurer Sahne versehen. Mit Basilikumblättern dekoriert servieren.

Lasagne verdi al forno

Lasagne mit grünen Nudeln

Für 4–6 Personen

Für die Fleischsauce:
2 El Butter
5 El Olivenöl
1 Zwiebel, fein gehackt
2 Knoblauchzehen, fein gehackt
1 Möhre, in feine Würfel geschnitten
1 Stange Sellerie, fein gewürfelt
400 g Rinderhackfleisch
4 El Tomatenmark
125 ml Rotwein
Salz
schwarzer Pfeffer aus der Mühle
1 Prise Zucker
250 ml Gemüsebrühe

Für die Béchamelsauce:
2 El Butter
2 El Mehl
500 ml heiße Milch
Salz
weißer Pfeffer aus der Mühle
frisch geriebene Muskatnuss

10–15 grüne Lasagneblätter (Fertigprodukt ohne Vorkochen)
2 Kugeln Mozzarella
150 g Parmesan, frisch gerieben
Olivenöl zum Beträufeln

Butter und Olivenöl in einer großen Pfanne erhitzen. Das gewürfelte Gemüse zufügen und anschmoren. Das Rinderhackfleisch in kleinen Portionen einarbeiten. Der Pfanneninhalt soll gut Farbe nehmen. In der Mitte ein freie Stelle schaben und darin das Tomatenmark anbräunen. Mit dem Rotwein ablöschen. Kräftig mit Salz, Pfeffer und Zucker würzen. Die Gemüsebrühe angießen und in der geschlossenen Pfanne für 45 Minuten schmurgeln lassen.

Die Butter in einem kleinen Topf zerlassen. Das Mehl zufügen und etwas Farbe nehmen lassen. Langsam die heiße Milch angießen. Gleichzeitig mit einem Schneebesen rühren, damit keine Mehlklümpchen entstehen. Unter ständigem Rühren die ganze Milch einarbeiten. Zum Schluss mit Salz, Pfeffer und Muskat abschmecken.

In einer feuerfesten Form einen Béchamelspiegel gießen. Darauf eine Lage Lasagneblätter verteilen und diese mit der Fleischsauce bedecken. Den Mozzarella in dünne Scheiben schneiden und damit die Fleischsauce bedecken. Mit etwas Parmesankäse bestreuen und wieder mit Béchamelsauce bedecken. So alle Zutaten verarbeiten. Als letzte Schicht sollte Fleischsauce und Käse liegen. Den Käse mit etwas Olivenöl beträufeln und im Backofen bei ca. 180 °C (siehe Zubereitungshinweis auf der Lasagnepackung) zwischen 30 und 45 Minuten überbacken. Die fertige Lasagne ca. 20 Minuten im Backofen stehen lassen. Sie lässt sich dann besser schneiden. In der Form auf den Tisch bringen. Dazu passt ein kräftiger Rotwein.

Lenticchie con salsicce

Linseneintopf mit Würstchen

Für 4 Personen

300 g Linsen
Salz
100 g Bauchspeck, durchwachsen
2 El Olivenöl
1 Zwiebel
1 Stange Staudensellerie
200 g passierte Tomaten
1 l Gemüsebrühe
6 grobe Schweinswürstchen
schwarzer Pfeffer aus der Mühle

Die Linsen über Nacht in warmem Wasser mit etwas Salz einweichen. Den Bauchspeck in feine Streifen schneiden und mit 1 Esslöffel Olivenöl in einer Pfanne anbraten. Zwiebel und Staudensellerie in feine Würfel schneiden und zum Speck in die Pfanne geben. Kurz andünsten. Die gut abgetropften Linsen in einen Topf füllen. Den Pfanneninhalt, die Tomaten und die Gemüsebrühe zufügen und etwa 1 Stunde auf kleiner Flamme köcheln lassen. Das restliche Olivenöl in einer Pfanne erhitzen und darin die in Stücke geschnittenen Schweinswürstchen braten. Kurz vor Ende der Garzeit die Linsen salzen, pfeffern und die Wurststücke zufügen. Alles gut vermischen und in tiefen Tellern servieren.

Rom & Latium

Die einfache, aromatische Küche der Römer macht keine Zugeständnisse an den Zeitgeist der moderne Küche. Sie basiert seit Jahrhunderten auf Olivenöl, liebt Knoblauch, Pfefferschoten, Basilikum und würzt gerne mit Nelken, Lorbeer und Zimt. In den vielen Schmorgerichten, die für die römische Küche typisch sind, findet man diese Kräuter und Gewürze wieder. Zudem gibt es eine unglaublich große Auswahl an Antipasti. Ob in Essig, Öl oder Salz eingelegte rohe oder gekochte Gemüse, frittierte, marinierte oder mit Knoblauch parfümierte Fleisch-, Schinken- und Wurstscheiben oder schlichtes Brot mit Olivenöl – die variantenreichen Köstlichkeiten aus der Küche Roms und Latiums verstehen es, eine Mahlzeit einzuläuten.

Bild links: *Spanische Treppe – Rom*

Für 4 Personen

4 Paprikaschoten (rot, grün, gelb, orange)
3 El Olivenöl Extra Vergine
schwarzer Pfeffer aus der Mühle

Paprica marinato

Marinierte Paprikastreifen

Die Paprika halbieren, Kerne und weiße Häutchen entfernen. Ein Backblech mit Backpapier auslegen. Die halbierten Paprika mit der Schnittseite nach unten auf das Backblech legen. Den Backofen auf 300 °C mit Obergrill einschalten. Das Backblech in den Ofen schieben und für ca. 20 Minuten backen, bis die Paprikahaut ganz schwarz wird. Das Backblech aus dem Ofen ziehen und die Paprika mit einem feuchtnassen Küchenhandtuch bedecken. (Achtung! Es zischt!) Die Paprika unter dem Tuch erkalten lassen. Jetzt lässt sich die Haut ganz einfach abziehen. Die geschälte Paprika eventuell vierteln und in eine Form legen. Die ausgetretene Paprikaflüssigkeit auffangen und über die Paprika gießen. Das Olivenöl und den schwarzen Pfeffer darüber geben und im Kühlschrank einige Stunden ziehen lassen.

Eine Stunde vor dem Servieren die marinierte Paprika aus dem Kühlschrank nehmen, damit sich die Aromen besser entfalten können.

Sixtinische Kapelle – Rom

Ravioli di ricotta

Ravioli mit Käsefüllung

Für 4 Personen

Für den Nudelteig:
400 g Mehl
1 gute Prise Salz
3 Eier
Mehl zum Bearbeiten

Für die Käsefüllung:
250 g Ricotta (ital. Frischkäse)
3 Eier
4 El glatte Petersilie, gehackt
80 g Pecorinokäse, frisch gerieben
weißer Pfeffer aus der Mühle
Muskatnuss, frisch gerieben
1 Prise Salz

Das Mehl auf die Arbeitsfläche häufen und kräftig salzen. Eine Mulde eindrücken und die Eier hineinschlagen. Das Mehl vom Rand aus mit den Eiern vermischen. Das geht am besten mit den Fingerspitzen. Anschließend alles kräftig mit beiden Händen durchkneten und zu einem elastischen Teig verarbeiten. Den Teig zu einem Laib formen und unter einem feuchten Tuch 30–40 Minuten ruhen lassen.
Für die Füllung alle Zutaten in eine Schüssel füllen und gut vermischen. Mit einem Tuch abdecken und ruhen lassen.
Den Teig in 2 Portionen teilen. Eine Hälfte auf der bemehlten Arbeitsfläche dünn ausrollen. Den restlichen Teig bis zum Verarbeiten unter dem feuchten Tuch lassen. Vom Teig breite Bänder abschneiden und parallel zur Längsseite jeweils 1 Teelöffel von der Käsefüllung darauf setzen. Dann den Teig darüber klappen und die Zwischenräume und die Ränder andrücken. Mit einem Teigrädchen die Ravioli ausschneiden.
In einem großen Topf in reichlich Salzwasser die Ravioli für ca. 8–9 Minuten garen.
Gut abtropfen lassen und in tiefen Tellern mit einer rohen Tomatensauce und frisch geriebenem Parmesan servieren.

Für 4 Personen

8 Kalbsschnitzel (vom Metzger hauchdünn mit der Maschine schneiden lassen)
schwarzer Pfeffer aus der Mühle
8 große Scheiben Parmaschinken
24 Salbeiblätter
24 Holzspießchen
Butter zum Braten
150 ml Marsala
Salz

Saltimbocca alla Romana

Kalbsschnitzelchen mit Parmaschinken und Salbei

Jedes Kalbsschnitzel in 3 gleich große Stücke schneiden und pfeffern. Die Schinkenscheiben ebenfalls in 3 gleich große Stücke schneiden. Auf jedes Kalbsschnitzelchen ein Stück Parmaschinken legen. Darauf die Salbeiblätter verteilen und mit Holzspießchen fixieren.
Die Butter in einer Pfanne aufschäumen lassen und die Schnitzelchen von beiden Seiten etwa 1 Minute braten. Aus der Pfanne heben und warm halten. Die Butter aus der Pfanne abgießen und den Bratensatz mit Marsala ablöschen. Etwas einkochen lassen. Mit wenig Salz abschmecken und über die Schnitzelchen gießen.
Dazu passen Ciabatta und ein kühler trockener Weißwein.

Colosseum – Rom

Vermicelli di castagne con panna

Maronennocken mit Sahne

Für 4–6 Personen

1 kg Maronen
500 ml Milch
1 Vanilleschote
100 g Puderzucker
50 g Kakao
2 cl Cognac
200 g Sahne
1 Tl Vanillezucker
Kakao zum Bestäuben

Die Maronen an der spitzen Seite kreuzweise einschneiden. Auf ein Backblech legen und im Backofen ca. 20 Minuten bei 250 °C backen. Wenn die Schalen aufspringen, die Maronen aus dem Backofen herausnehmen, sofort eiskalt abschrecken und die Schalen und Häutchen entfernen. Die Maronen mit der Milch und der aufgeschnittenen Vanilleschote in einen Topf geben und auf kleiner Flamme weich kochen. Dabei wird die Milch von den Maronen ganz aufgesogen. Die Vanilleschote entfernen und die Maronen mit dem Stabmixer pürieren, bis eine cremige Masse entsteht. Jetzt Puderzucker, Kakao und Cognac hinzufügen und gründlich unterarbeiten. Es sollten keine größeren Stücke mehr zu sehen sein. Das Püree mit 2 Esslöffeln in Nocken formen und auf Dessertteller anrichten. Die Sahne mit dem Vanillezucker steif schlagen und Sahnekleckse neben die Maronennocken setzen. Mit Kakao bestäubt servieren.

Für 4–6 Personen

1 l sehr starker Kaffee
5 El Zucker
200 g Sahne
1 Tl Vanillezucker
ca. 1000 g Schokoladeneis
6 El Amaretto
6 El Cognac
12 Amarettokekse

Caffè freddo

Eiskaffee

Den noch heißen Kaffee mit dem Zucker vermischen und kalt werden lassen.
Die Sahne mit dem Vanillezucker sehr steif schlagen. Das Schokoladeneis auf 6 hohe Gläser verteilen. Auf jedes Glas kommt je 1 El Amaretto und Cognac. Die Gläser mit kaltem Kaffee auffüllen und die Schlagsahne obendrauf geben. Die Amarettokekse zerbröseln und darüber streuen. In jedes Glas 2 Trinkhalme und einen langen Dessertlöffel geben und servieren.

Gärten – Vatikanstadt

Abruzzen & Molise

In den Abruzzen und im Molise mag man es gerne scharf. In fast allen Speisen – Ausnahme sind natürlich die Dolci – kommt die Peperoncini (Pfefferschote) als pikante Geschmacksgeberin vor. Sie passt hervorragend zu den vielen Gerichten aus Schweinefleisch, die zu hausgemachten Nudeln serviert werden. Pasta, Gemüse und Schweinefleisch bilden die Hauptzutaten in der hiesigen Küche. Ergänzt wird der abruzzische Speiseplan durch die Käsesorten Pecorino und Caciofiore. Zu den kräftig gewürzten Speisen passen die vollmundigen Weine der Region, der Montepulciano und der Trebbiano, besonders gut.

Mozzarelline allo zafferano

Mozzarella im Safranmantel

Für 4 Personen

4 Safranfäden
Salz
150 g Mehl
3 Mozzarellakugeln, in Scheiben geschnitten
Semmelbrösel
Pflanzenöl zum Frittieren
einige Salatblätter

Die Safranfäden in 3 Esslöffel Salzwasser auflösen. Nach und nach das Mehl und so viel Wasser angießen, dass ein flüssiger Teig entsteht. Die Mozzarellascheiben durch den Teig ziehen und anschließend in den Semmelbröseln wälzen. Das Pflanzenöl in einer hohen Pfanne erhitzen und die Käsescheiben darin goldbraun ausbacken. Einen Teller mit den Salatblättern auslegen, die heißen Mozzarellascheiben darauf anrichten und servieren.

Für 4 Personen

250 g durchwachsener, geräucherter Speck
2 Zwiebeln
3 Knoblauchzehen
2 kleine Chilischoten
1 Dose geschälte Tomaten
Salz
schwarzer Pfeffer aus der Mühle
1 El Oregano, getrocknet
500 g Penne
10 Basilikumblätter
100 g Parmesan, frisch gerieben

Penne con salsa diavolo

Penne mit scharfer Sauce

Den Speck würfeln und in einer Pfanne anbraten. Zwiebeln und Knoblauch würfeln und zum Speck in die Pfanne geben. Die Chilischoten längs aufschneiden, die Kerne entfernen und in feine Scheiben geschnitten ebenfalls in die Pfanne geben. Andünsten und mit den Tomaten samt Saft begießen. Einen Deckel auf die Pfanne geben und bei starker Hitze für ca. 8 Minuten einkochen lassen. Mit Salz und Pfeffer abschmecken. Den Oregano zwischen den Händen zerreiben und zufügen. Noch einmal aufkochen, die Hitze ausschalten und die Sauce ziehen lassen.
Die Penne in Salzwasser nach Packungsangabe al dente kochen. Abgießen und zu der Sauce in die Pfanne geben. Gut vermischen. Auf Tellern anrichten und mit den zerrupften Basilikumblättern bestreut servieren. Basilikumblätter immer erst zum Schluss dazugeben. Werden sie erhitzt, verfärben sie sich schwarz. Den Parmesankäse separat reichen.

Für 4 Personen

600 g Lammfleisch aus der Keule
2 El Mehl
5 El Olivenöl
Salz
schwarzer Pfeffer aus der Mühle
300 ml Gemüsebrühe
20 schwarze Oliven, entsteint
1 El Oregano, getrocknet
1 Peperoni, fein gehackt
3 El Zitronensaft

Agnello con le olive

Lamm mit Oliven

Das Lammfleisch in Scheiben schneiden und mit dem Mehl bestäuben. Das Olivenöl in einem Bräter erhitzen und darin die Fleischscheiben von beiden Seiten kräftig anbraten. Jetzt erst salzen und pfeffern. Die Hälfte der Gemüsebrühe angießen und das Fleisch darin für etwa 30 Minuten schmoren lassen. Die Oliven und die restliche Brühe zufügen, Oregano und Peperoni über dem Fleisch verteilen. Auf kleiner Flamme weitere 1 1/2 Stunden schmoren. Dabei das Fleisch öfter wenden. Das Lammfleisch auf einer Platte anrichten, mit Sauce und Zitronensaft beträufelt servieren.

Polenta dolce alle mandorle

Süßer Grießauflauf mit gerösteten Mandeln

Für 4 Personen

1/2 Tl Salz
6 El Lindenblütenhonig
250 g Maisgrieß (Instant)
50 g Butter
150 g Mandelblättchen

1 l Wasser mit Salz und 3 Esslöffel Honig zum Kochen bringen. Den Maisgrieß im dünnen Strahl in das kochende Wasser einrieseln lassen. Dabei ständig rühren, damit sich keine Klümpchen bilden. Nach 3 Minuten den Topf vom Herd ziehen und die Polenta ausquellen lassen. Mit einem Teil der Butter eine Auflaufform ausfetten, die Polentamasse einfüllen und glatt streichen. Die restliche Butter in einer Pfanne erhitzen, darin die Mandelblättchen dünsten und mit dem restlichen Honig vermischen. Die Mandeln auf der Polenta verteilen. Im auf 200 °C vorgeheizten Backofen 25 Minuten goldbraun überbacken. Dazu passen heiße Kirschen, die mit Zucker, Zimt und Kirschwasser parfümiert sind.

Kampanien

Hier kommt sie her, die Pizza. Die schlichteste aller Pizzen – Margherita – zählt trotz unzähliger Varianten zu den beliebtesten Pizzen überhaupt. Sie wird nur mit Tomaten, Mozzarella, Salz, Pfeffer, Olivenöl und einigen Basilikumblättchen belegt und schmeckt durch die Frische der Produkte einzigartig.

In Kampanien mit der tosenden, chaotischen Hauptstadt Neapel zaubert man aus Tomaten und einigen anderen Zutaten die köstlichsten Sugos und Ragouts, die in Verbindung mit Makkaroni und Spaghetti eine komplette Mahlzeit ergeben.

Der Süden Italiens ist eines der größten Tomatenanbaugebiete. Er versorgt nicht nur die eigenen Landsleute, sondern exportiert von hier aus in die ganze Welt.

Für 2 Personen

4 Fleischtomaten
250 g Mozzarella
1 Bund frisches Basilikum
schwarzer Pfeffer aus der Mühle
Olivenöl
weißer Aceto Balsamico

Insalata Caprese

Tomaten mit Mozzarella und Basilikum

Die Fleischtomaten waschen, vom Stielansatz befreien und in Scheiben schneiden. Den Mozzarella trockentupfen und ebenfalls in Scheiben schneiden. Beides dachziegelartig auf einem großen Teller anrichten. Mit schwarzem Pfeffer bestreuen, mit Olivenöl beträufeln und mit etwas weißem Aceto Balsamico besprühen. Mit frischem Ciabatta servieren.

Spaghetti alla marinara

Spaghetti mit Kapern und schwarzen Oliven

Die Oliven in feine Ringe scheiden. Die Chilischote der Länge nach aufschneiden, alle Kerne entfernen und fein hacken. Die Kapern unter kaltem Wasser abwaschen, trockentupfen und grob hacken. Oliven, Chiliwürfel und Kapern mit Tomatensauce und Olivenöl vermischen. Mit schwarzem Pfeffer abschmecken. In eine große Schüssel füllen und einige Zeit ziehen lassen.

Die Spaghetti nach Packungsanweisung in reichlich Salzwasser bissfest garen. Die Nudeln abgießen und zur Sauce in die Schüssel füllen. Alles gut miteinander vermischen und in tiefen Tellern anrichten. Mit den Kapernäpfeln garniert servieren.

Für 4 Personen

200 g schwarze Oliven, ohne Stein
1 kleine Chilischote, getrocknet
60 g Kapern (aus dem Glas)
125 ml Tomatensauce mit Kräutern (Fertigprodukt)
125 ml natives Olivenöl
schwarzer Pfeffer aus der Mühle
500 g Spaghetti
Salz
8 Kapernäpfel (aus dem Glas)

Pizza Margherita

Pizza Margherita

Grundrezept Pizzateig:
Teigmenge für 4 Pizzen

30 g frische Hefe
500 g Weizenmehl
Salz
125 ml lauwarmes Wasser
Mehl für die Arbeitsfläche
Olivenöl für das Blech

Belag Pizza Margherita:
Menge für 1 Pizza

100 g vollreife Tomaten, geschält, entkernt und in Würfel geschnitten
150 g Mozzarella, gewürfelt
Salz
schwarzer Pfeffer aus der Mühle
Olivenöl
einige Basilikumblättchen

Die Hefe in einer kleinen Schüssel in wenig lauwarmem Wasser auflösen, 2–3 Esslöffel Mehl zufügen und zu einem glatten Vorteig mischen. Mit einem Tuch abgedeckt an einem warmen Ort etwa 30 Minuten gehen lassen.
Das restliche Mehl auf die Arbeitsfläche sieben und mit dem Vorteig mischen. Leicht salzen und kräftig mit den Händen durchkneten. Es soll ein fester, aber noch weicher Teig entstehen. Den Teig weitere 10 Minuten kneten, bis er eine elastische Konsistenz hat. Dabei nach und nach lauwarmes Wasser angießen. Den Teig in 4 gleich große Teile schneiden und unter einem Tuch an einem warmen Ort für etwa 2 Stunden gehen lassen. Die Teigviertel mit der Hand oder mit dem Nudelholz auf der bemehlten Arbeitsfläche etwa 0,5 cm dick ausrollen. Ein Backblech mit Olivenöl auspinseln und die Teigplatten darauf legen. Nach Wunsch belegen und bei 280 °C im vorgeheizten Backofen ca. 15 Minuten backen.

Die Tomatenwürfel auf dem Pizzateig verteilen, darüber die Mozzarellawürfel streuen und mit Salz und Pfeffer würzen. Einige Tropfen Olivenöl darüber geben und im vorgeheizten Backofen 15–18 Minuten bei 280 °C backen. Zum Servieren mit Basilikumblättchen belegen.

Für 4 Personen

1 küchenfertiges Kaninchen
6 El Olivenöl
4 Knoblauchzehen, ungeschält
250 ml Weißwein
500 g Tomaten, in Stücke geschnitten
Salz
schwarzer Pfeffer aus der Mühle
1 Peperoncino, fein gehackt
(Pfefferschote)
je 3 Zweige Basilikum, Majoran,
Rosmarin und Thymian, fein gehackt

Coniglio con pomodori e erba

Kaninchen mit Tomaten und Kräutern

Das Kaninchen waschen und trockentupfen. Mit einem scharfen Messer in 6 Teile zerlegen. Das Olivenöl in einem Schmortopf erhitzen und die Kaninchenteile von allen Seiten anbraten. Knoblauchzehen, Weißwein und Tomatenstücke zufügen und mit Salz, Pfeffer und Peperoncino würzen. Etwa 40 Minuten schmoren lassen. Zum Schluss die Kräuter dazugeben und mit Weißbrot servieren.

Apulien

In den flachen Ebenen Apuliens bestimmen weitgehend ausgedehnte Olivenhaine und Weizenfelder das Landschaftsbild. Die Region ist der größte Olivenöl- und Mehlproduzent Italiens. Das würzig-fruchtige, säurehaltige Olivenöl wird bis ins europäische Ausland exportiert. Das feine Hartweizengrießmehl wird für die Herstellung der Pasta secca (trockener Pasta) verwendet und für die täglich frischen Brotwaren gebraucht. Nirgends sonst in Italien wird so viel Brot gegessen – deftiges, oftmals noch hausgemachtes Landbrot. In großen Plantagen gedeihen durch eine klug angelegte Bewässerung die schönsten Gemüse. Am Golf von Tarent wachsen in großen Zuchtbetrieben Austern und Miesmuscheln. Schon die alten Römer nannten das fruchtbare Apulien den „Garten Eden Italiens".

Für 4 Personen

24 Austern
1 Bund Petersilie, fein gehackt
4 Knoblauchzehen, fein gehackt
3 El Semmelbrösel
1 Tl Oregano, getrocknet
Salz
weißer Pfeffer aus der Mühle
3 El Olivenöl
Zitronensaft

Ostriche arrosto

Gegrillte Austern

Die Austern mit einem Austernbrecher öffnen und auf ein Backblech setzen. Aus Petersilie, Knoblauch, Semmelbrösel, Oregano, Salz, weißem Pfeffer und Olivenöl eine Paste herstellen. Mit einem Teelöffel auf jede Auster einen Klecks setzen. Zum Schluss alle Austern mit Olivenöl und Zitronensaft beträufeln und unter dem Grill für 15 Minuten backen.

Für 4 Personen

1 kg reife Tomaten
2 Knoblauchzehen
6 El Olivenöl Extra Vergine
Salz
schwarzer Pfeffer aus der Mühle
400 g Spaghetti

Spaghetti con salsa di pomodoro crudo

Spaghetti mit roher Tomatensauce

Die Tomaten mit heißem Wasser überbrühen, schälen, halbieren und mit einem Teelöffel die Kerne entfernen. Dann das Tomatenfleisch klein schneiden. Die Knoblauchzehen schälen und durch die Presse zu den Tomaten drücken. Mit Olivenöl, Salz und Pfeffer vermischen und für 2 Stunden an einem kühlen Ort ziehen lassen. Danach die Sauce mit dem Stabmixer aufmixen und noch einmal abschmecken.

Die Spaghetti in reichlich Salzwasser al dente kochen, abgießen und mit der rohen Tomatensauce anrichten.

Triglie al cartoccio

Rotbarben in Alufolie gegart

Für 4 Personen

8 Rotbarben, mittelgroß, küchenfertig vorbereitet
4 Knoblauchzehen, gepresst
Saft von 1 Zitrone
3 El Olivenöl
5 Lorbeerblätter, in feine Streifen geschnitten
1 Tl schwarze Pfefferkörner, im Mörser zerstoßen
20 schwarze Oliven, entsteint und klein geschnitten
Salz
schwarzer Pfeffer aus der Mühle
Alufolie

Die ausgenommenen Rotbarben unter fließend kaltem Wasser abwaschen und gründlich trockentupfen. In eine ausreichend große Schüssel legen. Aus Knoblauch, Zitronensaft, Olivenöl, Lorbeerblättern und zerstoßenen Pfefferkörnern eine Marinade rühren und über die Rotbarben gießen. Die Rotbarben im Kühlschrank für 2–3 Stunden marinieren und dabei öfter wenden.

Den Backofen auf 200 °C vorheizen. Die Alufolie so groß zuschneiden, dass 2 Fische darin Platz haben. Die matte Seite der Folie auf die Arbeitsfläche legen. Die glänzende Seite mit etwas Olivenöl bepinseln, je 2 Fische darauf legen und mit jeweils der Hälfte der klein geschnittenen Oliven bestreuen. Salzen, pfeffern und mit der Marinade beträufeln. Nun die Folie über den Fischen zusammenfalten und die Ränder umknicken, so dass die Folienpäckchen fest verschlossen sind. Die Päckchen auf ein Backblech legen und im Backofen auf der mittleren Schiene bei 200 °C etwa 10 Minuten garen. In der Alufolie so heiß wie möglich servieren.

Zuppa Inglese

Englische Suppe

Für 4–6 Personen

1 Biskuitboden, 26 cm Ø
6 cl Rum
1 Vanilleschote
1/2 l Milch
3 Eigelb
8 El Zucker
1 Päckchen Vanillezucker
5 El Mehl
50 g gemischte kandierte Früchte

Für die Baiserhaube:
3 Eiweiß
10 El Zucker

Den Biskuitboden in feine Streifen schneiden und mit dem Rum tränken. Vanilleschote längs aufschlitzen und mit einem Messer das Vanillemark auskratzen. In die Milch geben und einmal aufkochen. Abkühlen lassen.

Währenddessen Eigelb, Zucker und Vanillezucker im Mixer zu einer dicklichen Creme aufschlagen. Nach und nach das Mehl und die kalte Milch einarbeiten. Die Creme in einen Topf füllen, einmal aufkochen, sofort von der Herdplatte ziehen und im Eiswasser kalt schlagen. Die kandierten Früchte fein würfeln. Die Biskuitstreifen im Wechsel mit der Creme und den kandierten Früchten in eine runde Schüssel füllen. Für die Baiserhaube das Eiweiß sehr steif schlagen, nach und nach den Zucker einrieseln lassen und noch mindestens 1 Minute weiter schlagen. Die Schüssel kopfüber in eine feuerfeste Form stürzen und vorsichtig abheben. Auf die oberste Schicht Biskuitstreifen reichlich Baisermasse häufen. In den auf 200°C vorgeheizten Backofen schieben und etwa 13–15 Minuten überbacken. Noch heiß in der Form servieren.

Basilikata

Markantes Kennzeichen der Basilikata sind die leuchtend roten Peperoncini. Die feurigscharfen Schoten würzen fast alle Speisen der Region. Man liebt hier Schweinefleisch, das pikant gewürzt in Schmalz eingelegt wird, und die Lucanica, eine herzhafte, mit Fenchelsamen und Peperoncini gewürzte, luftgetrocknete Schweinewurst. Bei aller Deftigkeit der Speisen liegt der Hang zum Naschen nahe. Der Honig, den die fleißigen Bienenvölker in diesem Landstrich zusammentragen, ist von bester Qualität. In Verbindung mit frischem Ricotta eine unglaubliche Leckerei.

Für 4 Personen

200 g durchwachsener Speck, gewürfelt
2 Zwiebeln, gewürfelt
4 Knoblauchzehen, fein gehackt
2 kleine Peperoncini, ohne Kerne, fein gehackt
1 Dose geschälte Tomaten (450 g EW)
Salz
schwarzer Pfeffer aus der Mühle
1 Bund Basilikum, fein gehackt
100 g Pecorino, frisch gerieben
400 g Penne

Penne all'arrabbiata

Feurige Nudeln

Den gewürfelten Speck in einer Pfanne ausbraten. Zwiebeln, Knoblauch und Peperoncini in dem austretenden Fett dünsten. Die Tomaten mit der Flüssigkeit dazugeben und mit einem Holzlöffel zerdrücken. Alles bei starker Hitze etwa 10 Minuten köcheln lassen. Mit Salz und Pfeffer abschmecken. Das gehackte Basilikum und die Hälfte vom Pecorino unterheben.
Die Nudeln nach Packungsanweisung kochen, abgießen und in eine vorgewärmte Schüssel füllen. Die Sauce über die Nudeln gießen, unterheben und mit dem restlichen Käse bestreut servieren.

Pollo al miele di lavanda

Karamellisierte Hähnchenbrustfilets mit Lavendelhonig

Für 4 Personen

2 Hähnchenbrustfilets, mit Haut
schwarzer Pfeffer aus der Mühle
Salz
4 El Lavendelhonig
1/2 l Geflügelfond
je 2 Thymianzweige, Rosmarinzweige, Lorbeerblätter

Die Hähnchenbrüste putzen, von Häutchen und Sehnen befreien. Die Hautseite in Rauten schneiden. Pfeffern und salzen und die Hautseite dick mit Lavendelhonig bepinseln. Eine ofenfeste Pfanne trocken erhitzen und die Hähnchenbrustfilets mit der Hautseite nach unten 5 Minuten darin karamellisieren. Die Pfanne mit den Filets in den auf 190 °C vorgeheizten Backofen stellen und weitere 5–8 Minuten braten. Das Fleisch aus der Pfanne heben, in Alufolie wickeln und wieder in den Ofen legen. Den Ofen ausschalten und die Hähnchenbrüste 10 Minuten ruhen lassen, damit sich der Fleischsaft verteilen kann. Die Pfanne auf den Herd setzen, den Geflügelfond angießen und mit den Kräutern den Bratensatz loskochen. Bei starker Hitze den Fond reduzieren, nochmals pfeffern und salzen.
Die Hähnchenbrustfilets schräg in längliche Scheiben schneiden und auf einer vorgewärmten Platte anrichten. Den ausgetretenen Fleischsaft in die Sauce geben, unterrühren und die Sauce auf den Filetstreifen verteilen. Mit frischem Ciabatta servieren. Hierzu passen außerdem geschmorte Tomaten, mit etwas Balsamico parfümiert.

Spezzatino di maiale

Schweinegulasch

Die Fleischstücke im Olivenöl mit Rosmarin und Knoblauch von allen Seiten anbraten. Die Peperoncini zufügen und alles mit wenig lauwarmem Wasser angießen. Im geschlossenen Topf bei kleiner Hitze 1 gute Stunde schmoren lassen. Nur wenn nötig etwas Wasser nachgießen.
Mit Ciabatta und einem kühlen Glas Aglianico del Vulture servieren.

Für 4-6 Personen

1 kg mageres Schweinefleisch, in grobe Würfel geschnitten
4 El Olivenöl Extra Vergine
2 Rosmarinzweige
8 Knoblauchzehen
2 Peperoncini, ohne Kerne
Salz
schwarzer Pfeffer aus der Mühle

Für 4 Personen

500 g Ricotta
2 Eier
3 Eigelb
100 ml flüssiger Honig
1 gute Prise Zimt
50 g Amarenakirschen, gewürfelt
1 Tl abgeriebene Zitronenschale
3 Eiweiß
3 El Marsala (Dessertwein)
Butter für die Form
Puderzucker zum Bestreuen

Miele fritto e ricotta

Gebackener Honig mit Ricotta

Den Ricotta durch ein Sieb streichen und in eine Schüssel füllen. Eier, Eigelbe, Honig, Zimt, Amarenakirschen und Zitronenschale zufügen und gut vermischen. Das Eiweiß sehr steif schlagen und vorsichtig mit dem Marsala vermischen. Mit einem Spatel vorsichtig unter die Ricottamasse heben. Alles in eine gebutterte, feuerfeste Form geben und im vorgeheizten Backofen bei 150 °C auf mittlerer Schiene für etwa 30 Minuten backen. Noch warm mit Puderzucker bestreut servieren.

Kalabrien

Die Aubergine hat in der kalabrischen Küche einen besonderen Platz. Mit Minze, Mozzarella oder Hackfleisch präsentiert sich die Frucht unglaublich vielseitig. Aber auch der Fisch gehört in Kalabrien auf den Tisch. Schwertfisch vom Grill mit feinen Kräutern gewürzt ist eine Spezialität des Dorfes Bagnara. Jedes Jahr im Juli treffen sich die Feinschmecker in dem kalabrischen Dorf und feiern das Fest des Schwertfisches. Doch nicht nur der Schwertfisch, auch Thunfisch, Hornhecht, Sardinen und Sardellen haben einen großen Stellenwert auf dem täglichen Markt. Sie werden oft zu scharfen Ragouts verarbeitet. Die scharfe Würzung rührt an eine alte Sitte, glaubte man doch in früheren Zeiten, die Schärfe sei vorbeugend gegen so manche Krankheit.

Für 4–6 Personen

5 lange, schmale Auberginen
250 ml Olivenöl zum Braten
Salz
4 El Olivenöl Extra Vergine
3 Knoblauchzehen, fein gehackt
1 Handvoll Minzeblätter, fein gehackt (einige zum Garnieren zurückbehalten)
3 El weißer Aceto Balsamico
2–3 El Semmelbrösel

Melanzane con menta

Auberginen mit Minze

Die Auberginen waschen, trockentupfen, vierteln und längs in schmale Streifen schneiden. Das Olivenöl in einer Pfanne erhitzen und darin die Auberginen von allen Seiten braun braten. Auf Küchenkrepp abtropfen lassen. Jetzt erst salzen. Das Olivenöl mit Knoblauch und der Minze in einer Schüssel vermischen, die Auberginen einfüllen, mit Aceto Balsamico beträufeln und mit Semmelbrösel bestreuen. Alles gut vermischen und für einige Stunden an einem kühlen Ort ziehen lassen. Mit frischem Weißbrot und einem Glas gut gekühltem Pollino genießen.

Melanzane ripiene

Gefüllte Auberginen

Für 4 Personen

4 Auberginen
Salz
150 ml Olivenöl
3 kleine Dosen Tomaten
3 Knoblauchzehen, gepresst
1 El Oregano, getrocknet
schwarzer Pfeffer aus der Mühle
2 Kugeln Mozzarella, in Scheiben geschnitten
150 g alter Pecorino, gerieben

Die Auberginen waschen, Blüte und Stielansatz abschneiden, längs in 4 Scheiben schneiden. Die Scheiben auf beiden Seiten mit Salz bestreuen und wieder aufeinander legen. 20 Minuten den Saft ziehen lassen, dann die Auberginen gut ausdrücken. Das Olivenöl in einer Pfanne erhitzen und die Scheiben darin von beiden Seiten braten. Auf Küchenpapier abtropfen lassen.

Die Tomaten über einem Sieb abgießen. Die Flüssigkeit auffangen und anderweitig verwenden. Die Tomaten im Bratfett der Auberginen braten. Mit Knoblauch und Oregano würzen. Mit Pfeffer und Salz abschmecken. Die Auberginen wieder aufeinander setzen. Zwischen die einzelnen Lagen die Tomatenmischung und Mozzarella füllen.

Eine Auflaufform mit Olivenöl auspinseln. Die gefüllten Auberginen hineinsetzen, in den auf 220 °C vorgeheizten Backofen geben und 20 Minuten backen. Danach mit dem geriebenen Pecorino bestreuen und sofort servieren.

Scampi alla griglia

Gegrillte Kaisergranatschwänze mit Orangenbutter

Für 4 Personen

12 Scampi (Kaisergranatschwänze)
Salz
weißer Pfeffer aus der Mühle
2 El Orangenlikör
2 El weiche Butter
2 Orangen, unbehandelt, in Scheiben geschnitten
4 Stiele glatte Petersilie

Scampi der Länge nach halbieren, am Schwanzende aber nicht durchschneiden. Den schwarzen Darmfaden entfernen, salzen und pfeffern. Orangenlikör mit der Butter verkneten und jede Kaisergranathälfte mit der Orangenbutter bestreichen. Gitterrost auf ein Backblech legen und die Kaisergranatschwänze darauf verteilen. Unter dem Grill auf der obersten Schiene für 3–4 Minuten grillen. Danach noch einmal mit der Orangenbutter bepinseln.
4 Vorspeisenteller mit Orangenscheiben auslegen und die gegrillten Kaisergranatschwänze darauf anrichten. Mit abgezupfter Petersilie garnieren und mit frischem Ciabatta servieren.

Für 4 Personen

Für die Kräutersauce:
5 El Olivenöl
3 El Zitronensaft
1 El Oregano, getrocknet
1 Bund glatte Petersilie, gehackt
2 Knoblauchzehen, fein gehackt
3 Kapernäpfel, gehackt
Salz
schwarzer Pfeffer aus der Mühle

4 Schwertfischkoteletts
Olivenöl zum Bestreichen

Pesce spada in salsa verde

Schwertfisch vom Grill mit feiner Kräutersauce

Die Zutaten für die Kräutersauce in eine Schüssel füllen und gründlich miteinander vermischen. Abgedeckt 1 Stunde ziehen lassen.
Die Schwertfischkoteletts mit Olivenöl bestreichen und auf einem sehr heißen Rost grillen. Grillen Sie den Schwertfisch nur kurz von jeder Seite. Er wird schnell trocken.
Zum Servieren die Koteletts mit der Sauce beträufeln, mit knusprigem Weißbrot und einem kühlen Weißwein genießen.

Sizilien

Umgeben von drei Meeren war der Haupterwerb vieler Sizilianer natürlich der Fischfang. Man hatte sich auf Thunfisch spezialisiert, aber Umweltverschmutzung und Überfischung der Meere haben dem ganzen Einhalt geboten. Heute ist es nicht mehr einfach, einen großen Thunfisch, der bis zu vier Meter lang und etliche Zentner schwer werden kann, zu fangen. Leichter gehen einem schon Brassen, Zackenbarsche, Schwert- und Tintenfische ins Netz. Und für sie gibt es auf der Insel die köstlichsten Arten der Zubereitung. Ob mit Zwiebeln und Tomaten oder auf dem Grill zubereitet, sie schmecken einfach alle lecker. Aber Sizilien hat auch eine vorzügliche Gemüseküche. Hier seien nur die Caponata, ein süß-saurer Gemüsetopf, oder gefüllte Zucchiniblüten erwähnt. Und hat nicht schon Goethe in der „Italienische Reise“ die sizilianische Küche in den höchsten Tönen gelobt?

Für 4–6 Personen

100 g Weißkohl
80 g grüne Bohnen
1 große Kartoffel
2 Möhren
2 Stangen Porree
3 Frühlingszwiebeln
3 Tomaten, gehäutet
2 Zucchini
2 Zwiebeln
2 Knoblauchzehen
1 Kräutersträußchen (Bohnenkraut, Thymian, Basilikum, Rosmarin)
Salz
schwarzer Pfeffer aus der Mühle
3 El Olivenöl
1 El Pesto à la Genovese
100 g geriebener Parmesan

Minestrone

Gemüsesuppe

Das Gemüse putzen, schälen und klein schneiden. In einem ausreichend großen Topf ca. 2 l Wasser zum Kochen bringen. Alle Gemüse und das Kräutersträußchen dazugeben. Die Hitze reduzieren und 1 knappe Stunde köcheln lassen. Gelegentlich umrühren. Mit Salz, Pfeffer und Olivenöl würzen. Die Kartoffelstückchen in der Suppe zerdrücken, damit die Suppe sämiger wird. Zum Schluss die Pesto zufügen und unterrühren. Die Minestrone in tiefen Tellern anrichten und mit Parmesankäse bestreut servieren.

Sagro al forno

Gefüllte Brasse aus dem Ofen

Für 4 Personen

1 Brasse, ca. 500 g
1 Zwiebel, fein gewürfelt
1 Knoblauchzehe, fein gehackt
1 El Rosmarinnadeln, fein gehackt
1 El Thymianblättchen
Salz
1 Chilischote, ohne Kerne, gehackt
5 El Olivenöl
1 Gemüsezwiebel, in Scheiben geschnitten
1 große Kartoffel, geschält und fein gewürfelt
1 Stange Porree, in feine Ringe geschnitten
1 l gut gewürzte Gemüsebrühe

Die Brasse vom Fischhändler ausnehmen und schuppen lassen. Den Fisch unter fließendem kalten Wasser waschen und gründlich trockentupfen.
Für die Füllung Zwiebelwürfel, Knoblauch, Rosmarin, Thymianblättchen, Salz, Chilischote und 3 Esslöffel Olivenöl gut miteinander vermischen. Einen Teil der Masse in den Fischbauch füllen. Gemüsezwiebelringe im restlichen Olivenöl andünsten und mit der übrigen Füllung in eine Auflaufform geben. Den Fisch darauf legen, mit Kartoffelwürfeln und Porreeringen umlegen. Die Form in den auf 180 °C vorgeheizten Backofen stellen und nach und nach die Gemüsebrühe angießen. Nach ca. 30 Minuten ist der Fisch gar und wird in der Form serviert. Reichen Sie dazu Weißbrot. Damit kann man den köstlichen Fischsud auftunken.

Coniglio alla siciliana

Kaninchenkeulen mit Oliven und Kräutern

Für 4 Personen

4 Kaninchenkeulen
3 El Olivenöl
4 Knoblauchzehen
10 schwarze Oliven ohne Stein
10 grüne Oliven ohne Stein
3 Tomaten, gehäutet und gehackt
Salz
schwarzer Pfeffer aus der Mühle
4 El gehackte Kräuter (Basilikum, Thymian, Majoran, Rosmarin)
150 ml Weißwein

Die Kaninchenkeulen von Häuten und Sehnen befreien. Das Öl in einer Kasserolle erhitzen. Die Keulen darin kräftig anbraten. Knoblauchzehen, Oliven, Tomaten, Salz, Pfeffer und die Kräuter zufügen. Den Weißwein angießen und für 40 Minuten bei mittlerer Hitze schmurgeln. Die Kaninchenkeulen auf Tellern anrichten und mit knusprigem Weißbrot servieren.

Für 4 Personen

2 Honigmelonen
500 ml Marsala
Saft von 1 Zitrone
200 g Sahne
1 Päckchen Vanillezucker

Melone al marsala

Honigmelone mit Marsala

Die Honigmelonen quer in der Mitte durchschneiden. Die Kerne entfernen. Mit einem Kugelausstecher kleine Kugeln aus dem Melonenfleisch stechen. In eine Schüssel füllen und mit Marsala übergießen. Etwa 1 Stunde darin marinieren.
Die 4 Melonenhälften mit Zitronensaft einreiben und im Kühlschrank aufbewahren. Die Sahne mit dem Vanillezucker sehr steif schlagen. Die Melonenhälften stabil auf geeigneten Schalen oder Gläsern platzieren. Die Melonenkugeln wieder in die Hälften füllen, mit Marsala übergießen und mit einem Klecks Sahne servieren.

Sardinien

Sardiniens Küche basiert auf wenigen Grundzutaten: Milch, Schafskäse, Fleisch und Brot. Sie spiegelt das Leben auf der Insel wider, das bis heute von der Landwirtschaft und der Schafszucht geprägt ist. Schlicht und deftig ist die Hirtenküche Sardiniens. Spezialitäten sind der Pecorino und das pane sardo, ein besonders dünnes Brot. Fisch ist in der sardinischen Küche nicht ganz so populär. Dafür aber Langusten und Miesmuscheln. An der Westküste der Insel hat im Mai der Langustenfang Hochsaison. Die Zubereitung der Krustentiere verlangt keinen großen Aufwand. Sie lassen sich gut grillen oder nur mit etwas Salz, Pfeffer und Rosmarin im Backofen garen. Dazu schmecken die Weine der Insel wie zum Beispiel der Cannonau di Sardegna, ein kräftiger, alkoholreicher Rotwein, oder der Vermentino di Gallura, ein frischer, lebendiger Weißwein.

Pomodori ripieni

Gefüllte Tomaten

Tomaten waschen und einen Deckel abschneiden. Mit einem Teelöffel die Samenkerne entfernen. Die Eier verquirlen und mit Käse, Semmelbröseln, Zucker, Petersilie, Salz, Pfeffer und Muskat gut vermischen. Mit einem Teelöffel die Masse in die Tomaten füllen. Den Deckel wieder auflegen und die Tomaten in eine mit Olivenöl gefettete Form setzen. Im auf 180 °C vorgeheizten Backofen 25–30 Minuten backen. Vor dem Servieren etwas abkühlen lassen.

Beilage für 4 Personen

4 große Tomaten
2 Eier
30 g Pecorino, frisch gerieben
30 g Parmesan, frisch gerieben
5 El Semmelbrösel
1 Tl Zucker
1 El Petersilie, fein gehackt
Salz
schwarzer Pfeffer aus der Mühle
1 Prise Muskat
Olivenöl für die Form

Aragosta al forno

Gebackene Languste

Für 2 Personen

1 Languste, ca. 1 kg (TK-Produkt)
2 El Mehl
100 g Butter
2 El Olivenöl
Salz
schwarzer Pfeffer aus der Mühle
1 Rosmarinzweig
3 El Petersilie, fein gehackt
125 ml Weißwein
1 Zitrone

Den Backofen auf 180 °C vorheizen. Die Languste mit einem scharfen Messer der Länge nach durchschneiden. Den schwarzen Darm entfernen. Die Langustenhälften unter kaltem Wasser gut abspülen, gründlich trockentupfen und mit Mehl bestäuben. Butter und Olivenöl in einer Pfanne mit feuerfestem Stiel erhitzen. Die Langustenhälften von allen Seiten salzen, pfeffern und auf jeder Seite anbraten. Den Rosmarinzweig hinzufügen und den Weißwein angießen. Mit der Pfanne in den Backofen schieben und etwa 10 Minuten backen. Die Langustenhälften mit dem Bratfett beträufeln, mit Petersilie bestreuen und mit Zitronenschnitzen garniert servieren.

Für 4 Personen

2–3 El Zitronensaft
Salz
schwarzer Pfeffer aus der Mühle
4 El Olivenöl
4 Thunfischsteaks, je 250 g
16 Lorbeerblätter
2 El Butter
2 El Olivenöl
2 Zitronen, in Scheiben geschnitten
6 cl Weißwein

Tonno all'alloro

Thunfischsteak mit Lorbeer

Zitronensaft mit Salz, Pfeffer und Olivenöl vermischen. Die Thunfischsteaks damit von allen Seiten einpinseln. Die Lorbeerblätter in der Hand zerknicken, so können die ätherischen Öle besser austreten. Jedes Thunfischsteak mit 4 Lorbeerblättern belegen, übereinander schichten und in Klarsichtfolie etwa 2 Stunden ruhen lassen. Butter und Olivenöl in einer Pfanne erhitzen und die Steaks von jeder Seite 5–6 Minuten braten. Auf einer vorgewärmten Platte anrichten. Mit den Lorbeerblättern und den Zitronenscheiben garnieren. Den Bratensatz und die restliche Marinade aus der Folie in der Pfanne mit dem Weißwein loskochen und über die Thunfischsteaks träufeln.

Cosciotto d'agnello alla pepino

Marinierte Lammkeule

Für 8 Personen

2,5 kg Lammkeule
Salz
3 El Olivenöl
3 Lorbeerblätter
125 ml Wasser

Für die Marinade:

250 ml Weißwein
5 El Weißweinessig
2 El Rosmarinnadeln, gehackt
2–3 Sardellenfilets, gehackt
2 Chilischoten, getrocknet und ohne Kerne im Mörser zerrieben
3 Knoblauchzehen, gehackt
1 Tl schwarze Pfefferkörner
1 große Gefriertüte
1 Gummiring

Die Lammkeule sorgfältig von Häuten und Sehnen befreien. Die Zutaten für die Marinade gut miteinander vermischen. In eine Gefriertüte füllen und die Keule dazugeben. Die Tüte um den Keulenknochen mit einem Gummiring fest verschließen. Jetzt liegt die Keule von allen Seiten gleichmäßig in der Marinade. Zur Sicherheit auf einen Teller legen und über Nacht im Kühlschrank marinieren.

Die Keule aus dem Beutel nehmen, von allen Seiten salzen und in einen Bräter legen. Die Marinade dazugießen. Die Keule mit Olivenöl beträufeln und die Lorbeerblätter in die Marinade geben. Den geschlossenen Bräter in den auf 190 °C vorgeheizten Ofen schieben und gute 2 Stunden braten. Danach die Keule aus dem Bräter heben und die Sauce mit 125 ml heißem Wasser auffüllen. Einmal aufkochen und mit einem Holzkochlöffel die Röststoffe von den Topfwänden und vom Boden lösen. Wer möchte, kann die Sauce mit ein wenig Kartoffelstärke binden. Die Keule vor dem Anschneiden 10 Minuten ruhen lassen. So verteilt sich der Fleischsaft besser. Das Fleisch in Scheiben schneiden und mit der Sauce und Ciabatta servieren.

Aceto Balsamico
Sehr aromatischer, intensiver, dunkelbrauner Weinessig. Nur der Essig aus den Provinzen Modena und Reggio Emilia darf sich Aceto Balsamico nennen. Zur Herstellung werden die reifen Trauben in der Sonne getrocknet. Nach dem Keltern muss Aceto Balsamico wenigstens drei Jahre im Holzfass reifen.

Al dente
Werden Teigwaren, Reis oder Gemüse al dente gegart, bezeichnet man damit ihre Konsistenz, die noch bissfest sein muss.

Baccalà
Luftgetrockneter Kabeljau. Er wird zur Haltbarmachung ohne Kopf und Innereien gesalzen und mehrere Tage getrocknet. Vor dem Verzehr muss er bis zu 24 Stunden in Wasser quellen. Dabei muss das Wasser oft gewechselt werden.

Basilikum
Das würzige Kraut hat leuchtend grüne Blätter. Mit seinem aromatischen Geschmack passt es hervorragend zu Tomaten und Mozzarella (Caprese). In der Pesto Genovese ist Basilikum der Geschmacksbringer überhaupt. Verwenden Sie das Kraut möglichst frisch. So kommt sein kräftiger Geschmack voll zur Geltung.

Bel Paese
Ein Kuhmilchkäse von mildem, leicht buttrigem Geschmack aus der Lombardei. Weich, aber dennoch schnittfest. Bel Paese hat eine zarte, goldgelbe Rinde und lässt sich gut im Kühlschrank lagern.

Bollito Misto
Berühmter herzhafter Siedfleischeintopf aus verschiedenen Fleischsorten, u. a. Rindfleisch, Kalbskopf, Kalbszunge, gefüllter Schweinefuß (Zampone) und Kochwurst (Cotechino). Das Fleisch wird nach dem Kochen aufgeschnitten und mit drei kalten Saucen serviert.

Bruschetta
Brotscheiben, die nach dem Rösten mit frischem Knoblauch eingerieben und mit feinstem Olivenöl beträufelt werden. Wird oftmals zusätzlich mit frischen gehackten Tomaten belegt.

Carpaccio
Hauchdünn aufgeschnittene Scheiben vom rohen Rinderfilet. Eine Erfindung des Signor Cipriani, dem Besitzer der berühmten venezianischen „Harry's Bar". Das Fleisch wird mit einer leichten Sauce aus Salz, Pfeffer, Zitronensaft und Olivenöl beträufelt. Bei Tisch wird frisch gehobelter, alter sardischer Pecorino darüber gestreut.

Cassata
Ursprünglich ein sizilianischer Osterkuchen aus Ricotta, alkoholgetränktem Biskuit, Nüssen, kandierten Früchten, Zitronat und Orangeat. Heute wird unter diesem Namen auch eine Eistorte angeboten.

Ciabatta
Ein luftig gebackenes Weißbrot. Der Teig wird mit Olivenöl zubereitet. Oftmals werden dem Brot Olivenstückchen, Rosmarin oder Walnüsse zugesetzt. Es hat eine helle, knusprige Kruste.

Crostini
Geröstetes dunkles Brot. Es wird gerne mit gebratenen Leberstückchen oder kräftig gewürzter Wurst serviert. Die so belegten Brotscheiben reicht man als Antipasto.

Fontina
Ein vollfetter, gut schnittfähiger milder Käse aus Kuhmilch. Er wird in etwa 8–10 kg schweren, großen, flachen Laiben angeboten. Er schmeckt mildwürzig und schmilzt wegen seines hohen Fettgehaltes leicht. Er eignet sich vorzüglich für Käsecremes, Fondues und zum Überbacken.

Frittata
Ein würziger Eierkuchen, der mit Gemüsestückchen oder Fleischresten von beiden Seiten in der Pfanne gebacken wird. Er ist der spanischen Tortilla sehr ähnlich.

Gorgonzola
Der Gorgonzola ist ein halbweicher Edelpilzkäse, der mit Schimmelpilzen geimpft wird. Dadurch bekommt er während der Reifezeit seine charakteristische grünbläuliche Aderung. Er ist einer der berühmtesten Tafelkäse Italiens und wird oft mit Trauben, Birnen und Walnüssen zum Dessert serviert.

Grana Padano
Der kleine Bruder des Parmigiano Reggiano wird leider zu oft mit ihm verwechselt, da er eine ganz ähnliche körnige Struktur aufweist. Grana Padano ist ein halbfetter Käse aus festem Teig. Er wird aus Kuhmilch hergestellt und eignet sich als Reibekäse zum Würzen von Spaghetti. Allerdings ist er nicht so pikant im Geschmack wie der Parmigiano.

Grissini
Fast 30 cm lange, dünne, würzig-knusprige Brotstangen aus Turin. Stehen vor allem im Piemont auf jedem Restauranttisch. Grissini werden als kleine Häppchen zwischendurch, zu Antipasti oder den einzelnen Speisen gegessen. Die echten Grissini sind nicht gerollt, sondern gezogen, was man an deren ungleichmäßiger Form erkennt.

In umido
Wird auf einer Speisekarte ein Gericht mit dieser Zubereitungsart angekündigt, können Sie etwas zart Geschmortes erwarten. Man findet diese Zubereitungsart bei Fleischgerichten und Gemüse.

Knoblauch
Knoblauch verfeinert fast jedes italienische Gericht. Ob Suppen, Saucen, Pizzen, Eintöpfe oder Pasta – er gehört überall dazu. Seien Sie beim Einkauf der Knoblauchknollen wählerisch. Es gilt folgende Regel: Je größer die einzelnen Zehen sind, desto süßer ist der Knoblauch im Geschmack. Sind die Zehen klein, sind sie häufig bitter und scharf. Wenn der Knoblauch noch jung und frisch, ist er unaufdringlich im Geschmack. Letzterer gehört in eine Pesto Genovese.

Majoran
Kleinblättriges, würziges Küchenkraut, im Geschmack etwas milder als Oregano. Seine leicht bittere Note verleiht Gemüse, Kartoffelgerichten und Suppen eine feinwürzige Note.

Mascarpone
Der Doppelrahmfrischkäse überhaupt. Ohne ihn gelingt kein Tiramisu. Oftmals wird er als Sahneersatz verwendet. Füllungen für Ravioli oder Cannelloni werden wunderbar cremig, wenn für ihre Bindung Mascarpone verwendet wird.

Miesmuscheln (Cozze)
Längliche, blauschwarze Muscheln, die eine Größe von etwa 6 cm erreichen. Mit Kräutern und Wein gekocht, mit Tomatenmus überbacken, in Fischsuppen oder frittiert sind sie immer wieder Bestandteil der italienischen Tafel.

Minestrone
Gehaltvolle, würzige Gemüsesuppe. Wird je nach Region mit Nudeln, Fleisch oder Hülsenfrüchten zubereitet.

Mortadella
Mortadella ist eine große, leicht geräucherte Wurst aus Schweinefleisch. Die eingearbeiteten Speckwürfel und die ganzen Pfefferkörner verleihen ihr ein köstliches Aroma. Mortadella wird hauchdünn aufgeschnitten und passt wunderbar zu Salat und Brot.

Mozzarella di Bufala
Ein milder weißer Käse ohne Rinde. Die Originalrezeptur schreibt zur Herstellung Büffelmilch vor. Heute wird der Käse zum großen Teil aus Kuhmilch hergestellt. Er ist Hauptbestandteil für die würzige Caprese, bestehend aus Tomaten, Basilikum und Mozzarella, die über alle Grenzen zu jeder Vorspeisentafel gehört.

Olivenöl
Gehaltvolles Speiseöl aus den Früchten des Olivenbaums. Die größten Erzeugerregionen sind die Toskana und Ligurien. Um den Geschmack feinsten Olivenöls zu erleben, sollte man „Olio di Oliva extra vergine" (naturreines, nicht raffiniertes Öl aus erster Pressung) verwenden. Die Früchte selber sind pur, entsteint, mit Knoblauch oder Kräutern mariniert ein herzhafter Snack.

Oregano
Oft auch als wilder Majoran bezeichnet. Oregano ist eines der wenigen Kräuter, die keine Mischung mit anderen Kräutern benötigen. Oregano ist sehr intensiv und dominant im Geschmack. Seine Verwendung findet er auf Pizza, in Saucen, Füllungen für Teigwaren. Oregano passt hervorragend zu geschmortem Schweinefleisch.

Ossobuco
In Scheiben geschnittene, geschmorte Kalbshaxe. Nach Mailänder Art zubereitet gehört Ossobuco zu den bei uns bekanntesten italienischen Fleischgerichten.

Pancetta
Luftgetrockneter Bauchspeck. Sein herzhafter Geschmack findet in vielen Eintöpfen seine Verwendung. Er wird in groben Würfeln oder in dickeren Scheiben mitgekocht.

Parmigiano Reggiano
Der wohl bekannteste italienische Parmesankäse. Der aus der Emilia-Romagna stammende Hartkäse aus Kuhmilch wird nicht in Scheiben geschnitten, sondern mit einem Spezialmesser vom Käselaib gebrochen. Er rundet, frisch gerieben, jedes Nudelgericht auf das vorzüglichste ab. Er mundet allerdings auch in kleinen Stückchen genossen als Dessert zu einem Rotwein.

Prosciutto di Parma
Nur echt mit seinem Brandstempel mit der fünfzackigen Herzogskrone. Luftgetrocknet wird der Schinken hauchdünn aufgeschnitten, und mit frischem Pfeffer aus der Mühle bestreut ist er ein Hochgenuss. Seinen delikaten Geschmack verdankt der Parma-Schinken der würzigen Luft der Emilia-Romagna, wo er in hohen luftigen Schinkenhäusern etwa zwölf Monate seinem einzigartigen Geschmack entgegenreift.

Risotto
Eine Reisraffinesse aus der Po-Ebene. Hier liegt das größte Reisanbaugebiet Italiens. Die bekanntesten Rundkornreissorten sind Arborio, Carnaroli und Vialone. Aus ihnen lassen sich wunderbare Risottos zubereiten. Der Reis wird in Butter und Zwiebeln angebraten und über lange Zeit mit Bouillon aufgegossen, bis er eine cremige Konsistenz hat. Zum Schluss wird mit Parmigiano Reggiano abgeschmeckt.

Steinpilze
Nach Trüffeln der wohl begehrteste Speisepilz und der meistverwendete Pilz in Italien. In den Herbstmonaten werden Steinpilze in großen Mengen auf den Märkten frisch angeboten. Getrocknet sind sie ganzjährig erhältlich. In diesem Zustand entwickeln sie ein besonders kräftiges Aroma.

Tintenfische
Oberbegriff für alle Kopffüßler. In den italienischen Küstengebieten werden Seppia, Calamaro und Polpo gerne in Gerichten mit Meersfrüchten verarbeitet. Die Tinte der Tiere lässt sich zum Färben von Teigwaren verwenden.

Trüffel
Die besten Trüffel kommen aus Italien. Der Tartufo Bianco/Tartufi di Alba (weißer Trüffel) aus dem Piemont ist der teuerste unter allen. Mit diesen unterirdischen Köstlichkeiten werden aus einfachen Pasta- und Eiergerichten kulinarische Hochgenüsse.

Zuppa Inglese
Die „englische Suppe" ist ein köstliches Dessert aus mit Kirschwasser getränkten Löffelbiskuits, die in einer Milchcreme mit kandierten Früchten unter einer Baisermasse überbacken serviert wird. Man findet dieses üppige Dessert auch unter dem Namen „Zuppa Romana".